全民阅读
阶梯文库

总主编 顾之川

传统文化卷 14 岁

在宋朝过个元宵节

本册编者 吴庆芳 孙文莲

领读者

聂震宁 高洪波 金波

扫一扫，尽享本书
配套音频，感受听书乐趣！

上海交通大学出版社
SHANGHAI JIAO TONG UNIVERSITY PRESS

内容提要

　　"全民阅读·阶梯文库"丛书借鉴国外分级阅读理念，根据0～18岁不同年龄段读者的心智特点与认知水平编写，标识明确的年龄段，由易到难，循序渐进。按照体裁或内容划分单元，涵盖诗词曲赋、文史哲经、科普科幻等方向。

　　本书分为六个部分，包括文化、民俗、文言小说、诗词、诸子慧语、文言散文。选文题材广泛，语言流畅优美，兼具知识性和趣味性。每篇设有"阅读点拨"，每个单元后附有"我思我行"，有利于读者加深阅读理解，拓展实践能力，提升阅读水平。

图书在版编目(CIP)数据

阶梯阅读.传统文化卷.14岁：在宋朝过个元宵节/吴庆芳，孙文莲编.
—上海：上海交通大学出版社，2018
ISBN 978-7-313-18765-9

Ⅰ.①阶…　Ⅱ.①吴…②孙…　Ⅲ.①阅读课-初中-教学参考资料
Ⅳ.①G634.333

中国版本图书馆CIP数据核字(2017)第329545号

阶梯阅读传统文化卷14岁·在宋朝过个元宵节

编　　者：吴庆芳　孙文莲
出版发行：上海交通大学出版社　　　　　　　地　　址：上海市番禺路951号
邮政编码：200030　　　　　　　　　　　　　电　　话：021-64071208
出 版 人：谈　毅
印　　制：常熟市大宏印刷有限公司　　　　　经　　销：全国新华书店
开　　本：880mm×1230mm　1/32　　　　　印　　张：5
字　　数：93千字
版　　次：2018年1月第1版　　　　　　　　印　　次：2018年1月第1次印刷
书　　号：ISBN 978-7-313-18765-9/G
定　　价：28.00元

全民阅读·阶梯文库

总主编

顾之川

领读者

聂震宁　高洪波　金　波　韩　松

编委会

聂震宁　高洪波　金　波　韩　松

顾之川　刘佩英　胡　晓　焦　艳

刘晓晔　吴庆芳　李国华　孟庆欣

杜德林　蒋红森

分册编者

马歆乐	陈敏倩	刘素芳	王　芳
袁　惠	张小娟	喻祖亮	沈　俊
张红梅	雷光梅	易灿华	丁连忠
孙文莲	李传方	孟　娜	郑祚军
阎义长	李　铭	苑子轩	盛　宏
祝世峰	朱俊峰	杜德林	宋亚科
杨　韧	张　锐	程玉玲	盛江伟
田丽维	李占良	尹　琦	何　萍
姜　丹	杨晓霞	许红兵	季龙刚
刘英传	高　虹	杨晓明	张宏强
范文涛	苗　锋	信旭东	孙　玉
宋　宇	刘卫民	杨　琼	

（以上排名不分先后）

目　录

第一单元
文化集萃

　　一部中华五千年的文明史，就是一部群星荟萃、异彩纷呈的绚丽诗史。金碧辉煌、天下奇绝的敦煌，雄浑厚重、朴实粗犷的秦腔，绵韧纯净、润墨熨帖的宣纸，流光溢彩、深邃大气的青花瓷……这些文化遗产独具中国民族元素，彰显中国人民的才智，让华夏子孙傲立于世界！

　　阅读本单元，我们能体会不同文体的特点，体会文章语言或儒雅深邃或朴实准确的特色，明白文化遗产都具有鲜明的历史特性和地域色彩，增强保护和传承文化遗产的责任意识。

莫高窟（节选）

余秋雨

莫高窟

我来这里时刚过中秋，但朔风已是铺天盖地。一路上都见鼻子冻得通红的外国人在问路，他们不懂中文，只是一迭连声地喊着："莫高！莫高！"声调圆润，如呼亲人。国内游客更是拥挤，傍晚闭馆时分，还有一批刚刚赶到的游客，在苦苦央求门卫，开方便之门。

我在莫高窟一连待了好几天。第一天入暮，游客都已走完了，我沿着莫高窟的山脚来回徘徊。试着想把白天观看的感受在心头整理一下，很难；只得一次次对着这堵山坡傻想，它究竟是个什么样的存在？

比之于埃及的金字塔，印度的桑奇大塔，古罗马的斗兽场遗迹，中国的许多文化遗迹常常带有历史的层累性。别国的遗迹一般修建于一时，兴盛于一时，以后就以纯粹遗迹的方式保存着，让人瞻仰。中国的长城就不是如此，总是代代修建、代代拓抻（chēn）。长城，作为一种空间蜿蜒，竟与时间的蜿蜒紧紧对应。中国历史太长、战乱太多、苦难太深,没有哪一种纯粹的遗迹能够长久保存,除非躲在地下,躲在坟里,躲在不为常人注意的秘处。阿房宫烧了,滕王阁坍了,黄鹤楼则是新近重修。

成都的都江堰所以能长久保留,是因为它始终发挥着水利功能。因此,大凡至今轰转的历史胜迹,总有生生不息、吐纳百代的独特禀赋。

莫高窟可以傲视异邦古迹的地方,就在于它是一千多年的层层累聚。看莫高窟,不是看死了一千年的标本,而是看活了一千年的生命。一千年而始终活着,血脉畅通、呼吸匀停,这是一种何等壮阔的生命!一代又一代艺术家前呼后拥向我们走来,每个艺术家又牵连着喧闹的背景,在这里举行着横跨千年的游行。纷杂的衣饰使我们眼花缭乱,呼呼的旌旗使我们满耳轰鸣。在别的地方,你可以蹲下身来细细玩索一块碎石、一条土埂,在这儿完全不行,你也被裹卷着,身不由主,踉踉跄跄,直到被历史的洪流消融。在这儿,一个人的感官很不够用,那干脆就丢弃自己,让无数双艺术巨手把你碎成轻尘。

因此,我不能不在这暮色压顶的时刻,在山脚前来回徘徊,一点点地找回自己,定一定被震撼了的惊魂。晚风起了,夹着细沙,吹得脸颊发疼。沙漠的月亮,也特别清冷。山脚前有一泓泉流,汩汩有声。抬头看看,侧耳听听,总算,我的思路稍见头绪。

白天看了些什么,还是记不大清。只记得开头看到的是青褐浑厚的色流，那应该是北魏的遗存。色泽浓沉得如同立体，笔触奔放豪迈得如同剑戟。那个年代战事频繁，驰骋沙场的又多北方骠壮之士，强悍与苦难汇合，流泻到了石窟的洞壁。

当工匠们正在这洞窟描绘的时候，南方的陶渊明，在破残的家园里喝着闷酒。陶渊明喝的不知是什么酒，这里流荡着的无疑是烈酒，没有什么芬芳的香味，只是一派力、一股劲，能让人疯了一般，拔剑而起。这里有点冷、有点野，甚至有点残忍；色流开始畅快柔美了，那一定是到了隋文帝统一中国之后，衣服和图案都变得华丽，有了香气，有了暖意，有了笑声。这是自然的，隋炀帝正乐呵呵地坐在御船中南下，新竣的运河碧波荡漾，通向扬州名贵的奇花。隋炀帝太凶狠，工匠们不会去追随他的笑声，但他们已经变得大气、精细，处处预示着他们手下将会奔泻出一些更惊人的东西；色流猛地一下涡漩卷涌，当然是到了唐代。人世间能有的色彩都喷射出来，但又喷得一点儿也不野，舒舒展展地纳入细密流利的线条，幻化为壮丽无比的交响乐章。这里不再仅仅是初春的气温，而已是春风浩荡，万物苏醒，人们的每一缕筋肉都想跳腾。这里连禽鸟都在歌舞，连繁花都裹卷成图案，为这个天地欢呼。这里的雕塑都有脉搏和呼吸，挂着千年不枯的吟笑和娇嗔。这里的每一个场面，都非双眼能够看尽，而每一个角落，都够你留连长久。这里没有重复，真正的欢乐从不重复。这里不存在刻板，刻板容不下真正的人性。这里什么也没有，只有人的生命在蒸腾。一到别的洞窟还能思忖片刻,而这里,一进入就让你燥热,让你失态,让你只想双足腾空。不管它画的是什么内容,一看就让你在心底惊呼,这才是人,这才是生命。人世间最有吸引力的,莫过于一群活得很自在的人发出的生命信号。这种信号是磁,是蜜,是涡卷方圆的魔井。没有一个人能够摆脱这种涡卷,没有一个人能够面对着它们而保持平静。唐代就该这样,这样才算唐代。我们的民族,总算拥有这么个朝代,总算有过这么一个时刻,驾驭那些瑰丽的色流,而竟能指挥若定;色流更趋精细,这应是五代。唐代的雄风余威未息,只是由炽热走向温煦,由狂放渐趋沉着。头顶的蓝天好像小了一点,野外的清风也不再鼓荡胸襟;终于有点灰暗了,舞蹈者仰首看到变化了的天色,舞姿也开始变得拘谨。仍然不乏雅丽,仍然时见妙笔,但欢快的整体气氛,已难于找寻。洞窟外面,辛弃疾、陆游仍在握剑长歌,美妙的音色已显得孤单,苏东坡则以绝世天才,与陶渊明呼应。大宋的国土,被下坡的颓势,被理学的层云,被重重的僵持,遮得有点阴沉;色流中很难再找到红色了,那该是到了元代……

这些朦胧的印象,稍一梳理,已颇觉劳累,像是赶了一次长途的旅人。据说把莫高窟的壁画连起来,整整长达 60 华里。我只不信,60 华里的路途对我轻而易举,哪有这般劳累?

夜已深了,莫高窟已经完全沉睡。就像端详一个壮汉的睡姿一般,看它睡着了,也没有什么奇特,低低的,静静的,荒秃秃的,与别处的小山一样。

（选自《文化苦旅》，东方出版中心 2001 年版，有删改）

**阅读
点拨**

　　作者用瑰丽的想象和诗化的语言，记叙了自己游览莫高窟的见闻，抒发了自己的感受，展现了莫高窟傲视异邦、吐纳百代的独特艺术魅力。文章先将世界著名遗址与莫高窟进行比较，点出莫高窟艺术的伟大与独特；接着用抒情的语言、华美的修饰，简洁而明快地勾勒了遗存在莫高窟的一幅幅生动的壁画。这些壁画不仅仅是宗教艺术的结晶，而且是历史画卷的展现，是中华民族光辉灿烂的文化遗产。

秦腔（节选）

贾平凹

　　每到农闲的夜里，村里就常听到几声锣响：戏班排演开始了。演员们都集合起来，到那古寺庙里去。吹、拉、弹、奏、翻、打、念、唱，提袍甩袖，吹胡瞪眼，古寺庙成了古今真乐府，天地大梨园。导演是老一辈演员，享有绝对权威，演员是一家几口，夫妻同台，父子同台，公公儿媳也同台。按秦川的风俗：父和子不能不有其序，爷和孙却可以无道，弟与哥嫂可以嬉闹无常，兄与弟媳则无正事不能多言。但是，一到台上，秦腔面前人人平等，兄可以拜弟媳为帅为将，子可以将老父绳绑索捆。寺庙里有窗无扇，屋梁上蛛丝结网，夏天蚊虫飞来，成团成团在头上旋转，薰蚊草就墙角燃起，一声唱腔一声咳嗽。冬天里四面透风，柳木疙瘩火当中架起，一出场一脸正经，一下场凑近火堆，热了前怀，凉了后背。排演到什么时候，什么时候都有观众，有抱着二尺长的烟袋的老者，有凳子上、桌子上趴满窗台的孩子。庙里一个跟头未翻起，窗外就"哇"的一声叫倒好，演员出来骂一声：谁说不好的滚蛋！他们抓住窗台死不滚去，倒要连声讨好：翻得好！翻得好！更有殷勤的，跑回来偷拿了红薯、土豆，在火堆里煨熟给演员作夜餐，赚得进屋里有一个安全位置。排演到三更鸡叫，月儿偏西，演员们散了，孩子们还围了火堆弯腰踢腿，学那一招一式。

一出戏排成了，一人传出，全村振奋，扳着指头盼那上演日期。一年十二个月，正月元宵日，二月龙抬头，三月三，四月四，五月五日过端午，六月六日晒丝绸，七月过半，八月中秋，九月初九，十月一日，再是那腊月五豆，腊八，二十三……月月有节，三月一会，那戏必是上演的。戏台是全村人的共同的事业，宁肯少吃少穿也要筹资集款，买上好的木石，请高强的工匠来修筑。村子富不富，就比这戏台阔不阔。一演出，半下午人就扛凳子去占位了，未等戏开，台下坐的、站的人头攒拥，台两边阶上立的卧的是一群顽童。那锣鼓就叮叮咣咣地闹台，似乎整个世界要天翻地覆了。各类小吃趁机摆开，一个食摊上一盏马灯，花生，瓜子，糖果，烟卷，油茶，麻花，烧鸡，煎饼，长一声短一声叫卖不绝。锣鼓还在一声儿敲打，大幕只是不拉，演员偶尔从幕边往下望望，下边就喊："开演呀，场子都满了！"幕布放下，只说就要出场了，却又叮叮咣咣不停。台下就乱了，后边的喊前边的坐下，前边的喊后边的为什么不说最前边的立着；场外的大声叫着亲朋子女名字，问有坐处没有，场内的锐声回应快进来；有要吃煎饼的喊熟人去买一个，熟人买了站在场外一扬手，"日"的一声隔人头甩去，不偏不倚目标正好；左边的喊右边的踩了他的脚，右边的叫左边的挤了他的腰……外边的趁机而入，一时四边向里挤，里边向外扛，人的旋涡涌起，如四月的麦田起风,根儿不动,头身一会儿倒西,一会儿倒东,喊声,骂声,哭声一片;有拼命挤将出来的,一出来方觉世界偌大,身体胖肿,但差不多却光了脚,乱了头发。大幕又一挑,站出戏班头儿,大声叫喊要维持秩序;立即就跳出一个两个所谓"二杆子"人物来。这类人物多是头脑简单、四肢发达,却十二分忠诚于秦腔,此时便拿了枝条儿,哪里人挤,哪里打去,如凶神恶煞一般。人人恨骂这些人,人人又都盼有这些人,叫他们是秦腔宪兵,宪兵者越发忠于职责,虽然彻夜不得看戏,但大家一夜满足了,他们也就满足了一夜。

终于台上锣鼓停了,大幕拉开,角色出场。但不管男的女的,出来偏不面对观众,一律背身掩面,女的就碎步后移,水上漂一样,台下就叫:瞧那腰身,那肩头,一身的戏哟。是男的就摇那帽翎,一会双摇,一会单摇,一边上下飞闪,一边纹丝不动,台下便叫:"绝了,绝了!"等到那角色儿猛一转身,头一高扬,一声高叫,声如炸雷哗啷啷直从人们头顶碾过,全场一个冷战,从头到脚,每一个手指尖儿,每一根头发梢儿都麻酥酥的了。如果是演《救裴生》,那慧娘站在台中往下蹲,慢慢地,慢慢地,慧娘蹲下去了,全场人头也矮下去了半尺,等那慧娘往起站,慢慢地,慢慢地,慧娘站起来了,全场人的脖子也全拉长了起来。他们不喜欢看生戏,最欢迎看熟戏,那一腔一调都晓得,哪个演员唱得好,就摇头晃脑跟着唱,哪个演员走了调,台下就有人要纠正。说穿了,看秦腔不为求新鲜,他们只图过过瘾。

　　在这样的地方,这样的环境,这样的气氛,面对着这样的观众,秦腔是最逞能的,它的艺术的享受,是和拥挤而存在,是有力气而获得的。如果是冬天,那风在刮着,像刀子一样,如果是夏天,人窝里热得如蒸笼一般,但只要不是大雪,冰雹,暴雨,台下的人是不肯撤场的。最可贵的是那些老一辈的秦腔迷,他们没有力气挤在台下,也没有好眼力看清演员,却一溜一排地蹲在戏台两侧的墙根,吸着草烟,慢慢将唱腔品赏。一声叫板,便可以使他们坠入艺术之宫,"听了秦腔,肉酒不香",他们是体会得最深。那些大一点的,脾性野一点的孩子,却占领了戏场周围所有的高空,杨树上,柳树上,槐树上,一个枝杈一个人。他们常常乐而忘了险境,双手鼓掌时竟从树杈上掉下来,掉下来自不会损伤,因为树下是无数的人头,只是招致一顿臭骂罢了。更有一些爬在了场边的麦秸堆上,夏天四面来风,好不凉快,冬日就扒个草洞,将身子缩进去,露一个脑袋。也正是有闲阶级享受不了秦腔吧,他们常就瞌睡了,一觉醒来,月在西天,戏毕人散,只好苦笑一声悄然没声儿地溜下来回家敲门去了。

1983 年 5 月 2 日草于五味村

(选自《贾平凹散文》,人民文学出版社 2005 年版,有删改)

阅读
点拨

　　选文描写了秦腔的排演和演出两个场面，既把演员的演出描写得细腻传神，又把观众的沉迷刻画得绘声绘色。在贾平凹笔下，秦腔是黄土地与老百姓生生不息的命运之声，生活在黄土地上的劳动人民用秦腔演绎自己的喜怒哀乐，展现自己热情蓬勃的生命力。所以演戏的也好，看戏的也罢，只要有秦腔，他们就不管不顾，如坠入艺术之宫。作者用饱蘸深情的笔墨，把与秦腔相关的轶事写得趣味盎然，把自己对秦腔、对故土的爱抒发得酣畅淋漓。在作者心中，秦腔不止是一种艺术形式，而是早已升华为生活中真真切切的美。

四　堡

冯骥才

心里一团如花似锦的猜想,在四堡灰飞烟灭。

在宋代四大雕版印刷基地中,福建的建阳一直承担着那片大地上文明的传播。其他几个雕版中心如汴梁、杭州和临汾,总是随着战乱与京都变迁或兴或衰,唯有这"天高皇帝远"的建阳依然故我。从遥不可及的中古一直走到近代。

我喜欢建安图书的民间感。它自始就服务于平民大众,也就将先民们的阅读兴趣与审美观念融入坊间。明代以来,杭州、苏州以及相继崛起的金陵派和徽派刻印的图书,一窝蜂地趋向文人之雅致,刻意地追求经典,建安图书却始终执拗地固守着它的平民性。大众日常消遣的故事、笑话、野史、农家应用的医书、药书、占卜以及专供孩童启蒙的读物,都是建安版常年热销的图书。今天看来,这种民间印坊养育出来的淳朴的气质便是建安版特有的审美品格了。

然而,建安图书真正的福气,是它至今还保存着一个雕版印刷之乡——四堡。中国古代雕版基地大都空无一物,只剩下建阳这个"活化石"。它犹然散发着书香墨香文明之香吗?

　　四堡身在闽西,肩倚武夷山脉。地远天偏,人少车稀,这种地方正是历史藏身之处。但现代化法力无边,近几年古镇也热闹起来了。不过令我吃惊的是,这里居然还完整地保留着两百年来声震闽西的印书世家邹氏的坊间与宅第。大大小小 140 间房子,组成客家人典型的民居——"九厅十八井"。在四堡,这种房子都是一半用于生活,一半用于印书。可是,无论陪同我的主人怎样指指点点地讲述,我也无法想象出往日那种奇异又儒雅的景象来。

　　倘若留意,那又细又弯高高翘起的椽角,鸟儿一样轻灵的木雕斗拱,敷彩的砖雕,带着画痕的粉墙,还残存一些历史的优雅。但挤在这老宅子里生活的人们,对此早已视而不见。历史走得太远了,连背影也看不到。高大的墙体全都糟朽,表面剥落,砖块粉化;地面的砖板至少在半个世纪前就全被踩碎了;门窗支离破碎,或者早已不伦不类地更换一新;杂物堆满所有角落,荒草野蔓纠缠其间。唯一可以见证这里曾是印坊的,是一些院子中央摆着的一种沉重的石缸,它是由整块青石雕出,岁月把它磨光。当年的印房用它来贮墨,如今里边堆着煤块或菜,上边盖着木板;有的弃而不用,积着半缸发黑和泛臭的雨水。

　　生活在这拥挤的黏湿的腐朽的空间里,是一种煎熬。特别是电视屏幕上闪现着各种华屋和豪宅的时候,人们会巴望着逃脱出去,切盼现代化早日来到,把它们作为垃圾处理掉。这就是发明了印刷术的古国最后一个"活化石"必然的命运么?

应该说当地还是有些有心人的。他们将邹氏家族的祠堂改造为一座小型博物馆，展示着从四堡收集来的古版古书，以及裁纸、印书、切书、装订等种种工具。还将此地雕版的源起、沿革、历代作坊与相关人物，都做了调查和梳理，并在这小展馆中略述大概。可是当我问及现存书版的状况时，回答竟使我十分震惊——只有一套完整的书版！难道这块生育出千千万万图书的沃土已然资源耗尽，贫瘠得连几套书版也找不出来？

其实并非如此，直到今天，无孔不入的古董贩子还在闽北和闽西各地进村入乡、走街串巷去搜罗古书古版。四堡人穷，自然就拿它们换钱。文化受到自己主人的轻视才是真正的悲哀。

四堡的雕版印刷肇始何时，仍是一个谜。但它作为建安版的一个产地，自然属于中华雕版印刷史源头的范畴。特别是宋代汴京沦落，国都南迁，文化中心随之南移，印刷业便在福建西北这一片南国纸张的产地如鱼得水遍地开花。明清两代，建安图书覆盖江南大地，这也正是四堡的极盛时代。可是到了 19 世纪，西方的石印与铅印技术相继传入，四堡的雕版便走向衰落。从大文明的系统上说，中华文明传承未断，但在许许多多具体的文化脉络上，我们却常常感受到一种失落！

在连城、龙岩、泉州和厦门，我都刻意去古董店观察建安书版的流散状况。很不幸，在四堡见不到的书版，在这些商店里很容易见到。不过一位贩子对我说："你出大价钱也买不到明代的版子了。"我相信他的话。受制于经费的拮据,在这些文化沃土上,到处是古董贩子,反倒很少看到专家的身影。

四堡现有的书坊不会坚持太久,残剩在民间的古版又会很快地灭绝。照此说来,最终的结果是,我们这个曾经发明了印刷术的古国就不再有"活态的见证"可言了?

那么,谁救四堡呢?

（选自《冯骥才散文》,人民文学出版社 2013 年版,有删改）

阅读
点拨

　　雕版印刷术曾经以炫目的身影亮相于中国四大发明,为中国跻身世界四大文明古国注入洪荒之力。今天,雕版印刷的命运如何呢?《四堡》一文用沉重的文字,向我们介绍了四堡雕版及其文化衰落的原因:现实生活的煎熬,现代化、物质化的冲击,生活的贫瘠,西方的石印与铅印技术相继传入,经费拮据导致专家也不过问,自己主人的轻视……句句发人深省,字字触目惊心。我们依稀听到了四堡雕版发自内心深处的呐喊:别让物欲和贪念玷污了文明与高贵,救救我们的文化遗产,救救民族之魂!

丝 路 织 锦

青 玄

　　丝绸之路，简称丝路，是指西汉时，由张骞出使西域开辟的以长安（今西安）为起点，经甘肃、新疆，到中亚、西亚，并联结地中海各国的陆上通道。19 世纪下半期，德国地理学家李希霍芬将这条陆上交通路线称为"丝绸之路"，这一称谓得到了大多数学者的肯定，并沿用至今。从这条中西汇通的著名通道之命名可见，丝织品是当时中国沿途输出最具代表性的商品，织锦也是最能体现当时技术和艺术风格的物品之一。

　　织锦的织法技术经历了一个不断发展的过程，织锦的纹样也越来越丰富多样。

　　古代中国，中原地区最早最传统的织锦是平纹经锦。早在西周早期的墓葬中就已出现，后来的湖南长沙马王堆汉墓中也发现不少此类织锦。随着中原的丝织品大量流入新疆及西域地区，当地的织法技术得以改变，并取得了一定的进步。

　　公元四五世纪以后，丝绸之路日渐繁盛，西方织物的图案和设计开始影响中原丝织品，越来越多的具有西方元素的纹样和图案开始出现在织锦和刺绣上。有可能是内地工匠看到了或是从他人的描述中听闻了胡化织物的需求,主动设计了一些可能为西域所接受的甚至是带有西域纺织品特点的织锦,再将其送上了丝绸之路;也有可能是西域一带日渐发达的丝绸生产技术回流并逐渐影响了中原地区。总之,羊、鸟、麑、象、狮子等各种动物图案,与伊斯兰教有关的新月纹样以及深目隆鼻的胡服骑射、饮酒形象等,都在西北地区出土的中国织物上有所体现。

隋唐之际,中原织锦的平纹经锦向斜纹经锦转变,图案、团花纹样和善草纹样开始大量出现,由此形成了中国丝织图案的一大转折,可以说,在胡风的影响下,西域的动物纹样与中原的花卉线条完美结合,逐渐形成了中国丝绸斜纹经锦的新样。

初唐时期,联珠纹锦开始深入中原内地,除了沿途丝路可见,西安地区也有出土。与此同时,联珠纹样的形式开始多样化,常常与其他装饰纹样组合形成新的纹样,常见的有两圈联珠的组合、卷云与联珠的配合、联珠与花蕾的配合。盛唐之后,符合中国审美的花卉取代了联珠纹样并与西来的动物纹样相结合,形成了崭新的图案样——联珠团花。奇幻多变,饱满,轮廓细腻,层次也更丰富,发展成宝花纹样,这可能就是历史上所谓的"陵阳公样",是丝绸之路上东西方文化与艺术交融的结果。

丝绸之路沿途出土的积淀了胡化风格的丝绸文物有不少:主要是织锦,少量为绮、绫和刺绣。那一方方虽残旧却仍艳丽的织锦上所表现的胡化风格,或强烈或恬静,或模糊或清晰,默默沉淀,耀眼夺目,仿佛讲述着不为人知的历史细节,也再次向世人表明,塞上驼铃、大漠孤烟的丝绸之路,不仅仅是中古时期中西贸易的主阵地,更是中西文化双向汇流的通道。

(选自《陕西日报》2012 年 12 月 30 日,有删改)

阅读点拨

丝路,是中古时期中西贸易的主阵地;织锦,是中华民族贡献给世界人民的宝贵财富;丝路织锦是中国传统文化的一抹彩霞,彰显着中国悠久的历史和人民的巧手慧心。这篇短文重点介绍了丝路织锦的发展过程和特点,以及在中西文化交流过程中所起的作用。 阅读时,抓住中心句和重点词语,明白平纹经锦、斜纹经锦、联珠纹锦的形成与特点,理解丝路织锦为传播中华文明、促进中西文化交融所发挥的作用。

宣纸的"前世今生"

曹天生

"宣纸制作技艺"于 2009 年 10 月被联合国教科文组织列入人类非物质文化遗产代表作名录。宣纸虽为世人熟知,但不少人对其发展演进及内涵变化并不十分了解,仍将不同历史时期具有不同内涵的宣纸混为一谈,因此有必要对宣纸的"前世今生"一探究竟。

"宣纸"二字连用,成为表示纸张的专有名词,始于唐代《历代名画记》:"江东地润无尘,人多精艺,好事家宜置宣纸百幅,用法蜡之,以备摹写。"这种"宣纸"还不是用青檀皮和沙田稻草为原料生产出来的纸张,而是"蜡之"后才可以用的皮纸。可见唐代"宣纸"是宣州地区所产高级纸张的总称,是以产地而称的。

宋末元初,"以蔡伦术为生业"的曹氏一支因避乱迁徙到安徽泾县小岭,根据当地条件开始了以青檀皮为原料的宣纸试制和生产。宋末经元到明中叶之前,皖南山区社会相对稳定,文化繁荣,促进了当地造纸业的快速发展。小岭盛产优质青檀皮,而当地的两股山泉一股偏碱,一股偏酸,为宣纸制浆时需要偏碱、捞纸时依赖弱酸的用水要求提供了恰到好处的保障。天时之机、地利之便加上人之勤奋,沾着黄山、九华山的秀气,染着巢湖、太平湖的灵气,泾县宣纸开始崭露头角。当然这时的宣纸还是稚嫩,主要用于装裱托纸等,还不宜用于书画。

明朝中叶后,宣纸的原料已非采用青檀皮一种,而是掺和了沙田稻草。由于青檀皮的纤维较长,单一用青檀皮浆作为原料,成纸性质较硬,柔韧性不足,在这种纸上进行书法绘画时,润墨性稍逊。而稻草的纤维较短,用青檀皮浆掺和稻草浆造纸,则增加了成纸的绵柔度和书法绘画的润墨效果。及至清代,宣纸已经普遍采用青檀皮和沙田稻草两种原料制成。宣纸因其质地绵韧、纹理纯净、不蛀不腐、润墨性强的独特禀赋,成为书画家们的最爱。

如今,宣纸产地早已由小岭传播到泾县及其周边地区。国内少数地方曾在原产地技术人员指导下生产过仿宣,但产品质量难与正宗宣纸相比。今天所谓正宗宣纸,就是用生产自安徽泾县及周边地区的青檀皮和沙田稻草做原料,用泾县特有的山泉水以及传统工艺精制而成的书画、裱拓用纸。

宣纸是中国书画艺术的重要载体,中国的书法和绘画离了它便无以表达艺术的妙味。经历了上千年岁月,独占天时地利、绝活秘籍的宣纸,依然花信尚存,青春不衰。

（选自《光明日报》2017 年 4 月 12 日,有删改）

**阅读
点拨**

　　这是一篇介绍宣纸演变历程的说明文,开篇对宣纸的"前世今生"一探究竟,引人入胜。然后按照时间顺序,从唐朝到宋末元初,从明朝中叶到清朝,再到如今,依次介绍了宣纸的原料和特点,让读者对宣纸的演变历程有了比较全面而清晰的了解。文章还采用拟人的手法,如"前世今生""崭露头角""稚嫩""青春不衰",字里行间饱含着对宣纸、对中国文化的赞美之情。

碑 与 帖

蒋 勋

碑与帖是汉字书法上两个常用的字。碑指刀刻在石碑上的文字,帖指毛笔写在纸帛上的文字。魏晋以后,书法界普遍认为碑与帖分别代表重拙朴厚和潇洒飘逸两种截然不同的书法风格。

魏晋之后南北朝形成了对峙局面,书法论述也一般习惯把碑与北朝连在一起,称为北碑。以二王(王羲之、王献之)为主的帖,自然就被认为是流行于南朝文人间的南帖。比如北朝著名的《张猛龙碑》,苍劲古朴,而南帖名作王羲之的《兰亭集序》则灵动洒脱,两者大相径庭。

碑还原到原始意义,是指石碑上用刀刻出来的文字。这些石碑文字,最初虽然也用毛笔书写,但是一旦交到刻工手上,负责石刻的工匠难免会有刀刻技法的介入,这就改变了原来毛笔书写的线条美感。《张猛龙碑》字体端方,笔画厚重,许多线条的风格就不是毛笔容易表现的,石匠在刀刻的过程中融入了刀法的利落、明快、刚硬。因此,碑与帖书风的差别,或许并不只是北朝与南朝的问题。

1965 年在南京出土的《王兴之夫妇墓志》《王闽之墓志》石刻,刻于东晋咸康到永和年间,永和九年正是王羲之写《兰亭集序》的那年。王兴之、王闽之也是王氏家族中的精英文人,但是从墓志石碑的字体来看,却与王羲之书风完全不同。碑文字体方正,拙朴刚健,点捺用笔都明显看出了刻工的刀法,不像南帖,却更接近北碑。

笔、墨、纸、砚成为文房四宝,如果在汉代,是不大可能的,因为汉代始终以竹简书写为主,纸的使用微乎其微。魏晋则是竹简书写过渡到纸帛书写的重要时期,王羲之正是纸帛书写到了成熟阶段的代表人物。用纸、帛一类纤细材质书写,增加了汉字线条行走、流动、速度的表现力。汉字在以纸帛书写的晋代文人手中流动、飞扬、婉转,或行或草,潇洒飘逸,创造了汉字崭新的行草美学。如王羲之《兰亭集序》中运笔的转折,既丰富又精炼,既飘忽又有力,充分体现了帖潇洒俊逸的书法风格。

碑是石刻,帖是纸帛,从另一个角度看,书法史上碑与帖的书风问题,或许可以有新的理解。

（选自《汉字书法之美》,广西师范大学出版社 2009 年版,有删改）

阅读点拨

　　碑与帖都是中国传统文化瑰宝,它们风格迥异,各有千秋,但都体现了汉字书法之美。文章重点说明了碑与帖由于材料和操作方法的不同,呈现出不同的风格和美感,碑拙朴刚健,沉稳坚毅;帖灵动洒脱,潇洒俊逸。文章层次明晰,结构严谨,既让读者了解了汉字的特点,也带给读者美的享受。

青花瓷之美

李青舫

中国青花瓷除了众所周知的流光溢彩的外观造型美之外，还有二美可以一说。

其一是兼收并蓄的绘画意境美。青花瓷画继承沿袭了中国传统水墨画的表现技法，但又不拘泥于它的绘画程式，相反善于灵活自如地运用多种笔法，形成刚柔并济、动静相宜、疏密相间的艺术效果，因而能在瓷器的器形上，表现出完全不同于宣纸上的那种色调明快、蓝白相映的鲜明风格，给人以强烈的视觉冲击力和审美感受。

从形式上看，青花瓷画突破宣纸等介质的束缚，在光滑有弧度的瓷胎上作画虽然增加了难度，但也赋予青花瓷器独特的艺术魅力，表现出灵动率真的审美内涵。青花瓷器上的水墨画画法精细，墨色层次鲜明、立体感强，达到"墨分五色"的高超境界，给人以疏朗清新、幽静雅致的艺术美感，令人倾心迷恋。

就内容而言，青花瓷画丰富并提升了中国水墨画反映生活的广度，洋溢着浓郁的生活气息，如传世民窑中最常见的青花"双喜纹罐"，图案简练活泼、风格清丽洒脱，那粗犷的"双喜"大字与茂密的缠枝花纹有机地融汇于一体,不仅给民间的婚嫁喜事增添了喜庆吉祥的色彩,也反映了普通百姓对幸福生活的无限憧憬和质朴淳厚的审美情趣。

青花瓷画还拓展了中国水墨画在揭示民族特性上的深度,表现出具有民族文化色彩的审美内涵,呈现出不同的意境。龙是中华民族的图腾,但是龙的形象在中国水墨画中较为少见,而与之形成鲜明反差的是,龙的矫健身姿与丰满形象却在青花瓷画中屡见不鲜。其中既有纹饰繁缛、工艺豪华精美,刻画出一种神秘庄严狞厉美的官窑青花龙纹瓷器;也有线条简朴、手法夸张奔放,刻画出一种随和亲切平易美的民窑青花龙纹瓷器。

青花瓷画注重形式上的继承性,突出内容上的多样化,挖掘意境上的表现力,因此青花瓷千百年来长盛不衰,具有独特审美价值。

其二为秀外慧中的人文精神美。和我国传统诗词、书画等许多艺术一样,青花瓷器具有鲜明的民族特色和深厚的文化底蕴,历代能工巧匠将源远流长的中华民族性格和民族感情,自觉地融入青花瓷器的外观造型与图案绘画中,寄寓了中华民族最传统的审美观念与审美情怀,因此青花瓷器除了实用、欣赏之功能外,还浸透了中国人的精、气、神以及淳厚的人文理想。

当然,由于人的社会阶级地位、文化修养学识各不相同,对于精神、气质的理解也难免各异其趣。帝王将相崇尚高贵、华丽、豪气的秉性，所以促成官窑青花瓷表现出雍容华贵、典雅大度的皇家气质；文人墨客追求淡泊明志、宁静致远的人文理想，所以促成民窑青花瓷表现出端庄素雅、卓尔不群的高尚情怀；普通百姓向往安宁幸福、吉祥如意的生活环境，所以促成民窑青花瓷表现出勤劳质朴、张扬生命的执着精神。

（选自《解放日报》2002 年 2 月 7 日，有删改）

阅读点拨

　　这篇文章采用总分的结构方式，有条不紊地介绍了青花瓷之美。第一段总说，由青花瓷外观造型的流光溢彩，引出下面对青花瓷的绘画意境美和人文精神美的具体阐释。每一部分的开头都有一个中心句统领大意，文章重点突出，层次井然。最后一段用词典雅凝练，句式整齐优美，珠玑串联，朗朗上口。

我思我行

【理解感悟】

🌸 秦腔、碑与帖、青花瓷都体现了中国传统文化之美，它们美在何处？请说说你的看法。

🌸 冯骥才在《四堡》的结尾的呐喊"谁救四堡呢？"你觉得谁应该来救四堡？如何救四堡？说说你的想法。

【实践拓展】

🌸 每年六月的第二个星期六为中国的"文化遗产日"，为了让同学们认识遗产保护的重要性，提高保护文化遗产的意识，学校开展了以"守护文化之根，传承民族之志"为主题的活动，请介绍一种你所了解的文化遗产。

🌸 敦煌莫高窟是世界上现存规模最大、内容最丰富的佛教艺术地，1987年，莫高窟被列为世界文化遗产，是世界著名旅游胜地。假设现在你是导游，游客站在莫高窟前，你将怎样解说，使大家迫不及待而又心怀敬畏之情呢？

【阅读延伸】

《中国古代文化常识》（王力　主编）

中国传统文化既是中国各族人民的精神支柱和文化基础，也是历史、现代和未来人类共同的宝贵财富。《中国古代文化常识》是关于中国古代文化常识的简明读本，是大众认识中国古代文化面貌最重要、最全面的基础参考书。建议大家读一读，了解中国文化常识，增强爱国情感。

传统文化知多少

文化遗产荟萃

1. 四大发明：造纸术、指南针、火药及印刷术。

2. 中医四诊法：望、闻、问、切。

3. 京剧四大行当：生、旦、净、丑。

4. 四大石窟：敦煌莫高窟、大同云冈石窟、洛阳龙门石窟、天水麦积山石窟。

5. 四大佛山：山西五台山、四川峨眉山、浙江普陀山、安徽九华山。

6. 四大古都：西安、南京、北京和洛阳。

7. 四大名园：拙政园、颐和园、避暑山庄、留园。

8. 四大名绣：湖南湘绣、四川蜀绣、广东粤绣和江苏苏绣。

9. 四大名锦：云锦、壮锦、蜀锦、宋锦。

第二单元
民俗寻趣

　　在中国传统文化的沃野上，中国民俗文化宛如一朵绚丽的奇葩，以其特有的神韵，在人类文化史上谱写了壮丽的篇章。本单元选文不仅真实地展示了不同区域的民俗风情画面，表现了人民群众对生活的热爱和对真善美的不懈追求，而且还展示了中华民族的勃勃生机，折射出中华文明的灿烂光辉。

　　阅读本单元，领略民风民俗强大的感染力，感受民风民俗的美好，提升文化内涵。体会多种表达方式的综合运用，正确理解文章的主旨，学习揣摩意蕴隽永的词语，品味精彩优美的句子、段落，体会汉语丰富的表现力。

祭 灶

张鲁生

农历的腊月二十三俗称小年,是传统中祭灶的日子。

打记事儿时起,家里似就没有那种拉风箱、烧柴禾的灶台,也就无从看到灶王龛和灶王像了。但每年的腊月二十三母亲还是会买些祭灶糖回来,说是供奉灶王爷吃的,最后却还是落在我们哥几个的嘴里。至于为什么要祭灶,只是后来听了侯宝林大师的相声,才知道灶王爷才是真正的"一家之主",虽然户口簿上没有他的名字,可"上天言好事,回宫降吉祥"的能耐却是非他莫属的。这也反映了古往今来人们祈求平安、幸福的愿望。祭灶糖很甜,但却带着些苦味,还很黏牙。后来得知那是用麦芽和小米熬制成的,只是芝麻糖的初级品。至于祭灶时为什么要吃祭灶糖,鲁迅先生在他的《送灶日漫笔》一文中说:"本意是在请灶君吃了,粘住他的牙,使他不能调嘴学舌,对玉帝说坏话。"我个人还以为,人吃了糖嘴会甜,会多说好话的,如同吃了人的嘴软,拿了人的手短。

待我结了婚以后,妻继续沿袭着祭灶时吃祭灶糖的传统,女儿便在年年吃着祭灶糖中渐渐长大起来。

其实,祭灶除了祈福的意义之外,还更像是一个标志——从这天开始,春节便进入了倒计时,传统意义上的过大年就真正拉开了序幕,年味儿也渐渐浓厚起来。那时的半大孩子开始到处索摸着黑火药、牛皮纸,开始自己加工些炮仗,稀稀落落的鞭炮声从此便不断地响起,一直持续到正月十五;街上卖对联、鞭炮的,卖瓜子、水果的,还有卖锅碗瓢盆的陡然多出了许多;大人们再也坐不住了,开始忙着操持年货,东方红大街上立时变得热闹非凡起来。站在东城门的桥头上往里看,街上的人密密匝匝的,推着车子都寸步难行,颇像钱钟书先生在《围城》里说的那样,城里的人想冲出去,城外的人想冲进来。虽然每个人都抱怨着人满为患,可每个人又都乐此不疲。也是从这一天开始,家家开始忙着蒸馍、蒸花糕,开始炸酥肉、炸丸子。小巷子里不时会飘出丁香、肉蔻的香味儿,那是谁家在用大锅开始煮肉了。

　　如今,作为古时"五祀"(祀灶、门、行、户、中霤)中唯一流传下来的祭灶,早已失去了求神保佑的意义,人们也不再指望灶王爷"上天言好事"了,佛龛、香烛之类的自然也就退出了历史舞台。虽然年年还在祭灶,年年还要买祭灶糖,可更多的是作为一种民俗被传承下来,为浓厚的民族节日又增添了几分传统的色彩。

　　　　　　　　　(选自《读者》2013年第14期,有删改)

阅读点拨

　　祭灶是在汉族民间影响很大、流传极广的传统习俗之一。选文开门见山，直奔主题；接着介绍了祭灶和吃祭灶糖的原因，点明了祭灶的意义，即祈求平安幸福；然后介绍了祭灶后人们迎接春节的情形；最后点明祭灶这一传统习俗被传承下来的意义。文章在介绍祭灶神的过程中，用较多的笔墨写了小孩子的活动，使文章富有浓郁的生活气息，也表达了作者对童年生活的珍惜。对于祭灶这一传统习俗的由来，作者引用了侯宝林的相声和鲁迅的文章来诠释，增添了文章的故事性和说服力，也给读者留下了深刻的印象。

在宋朝过个元宵节

王清铭

　　据说人们最喜欢生活的朝代就是宋代,英国史学家汤因比曾说:"如果让我选择,我愿意生活在中国的宋代。"由此我畅想,如果我穿起麻布衣服乘坐宝马雕车来到宋代,过一个元宵节也挺有意思的。

　　苏东坡曾说:"灯火家家有,笙歌处处楼。"但我更愿选择的是张择端《清明上河图》展开的北宋都城汴京(开封),当然钱塘(杭州)也不错,烟柳画桥,风帘翠幕。看不到三秋桂子,十里荷花,但在不经意间就能碰见一个十七八岁的女郎,执红牙板,歌"杨柳岸晓风残月"。那里有五星级的娱乐场所叫瓦子,咱也不是来这里卡拉 OK 的,皇宫前的御街自然是最佳去处,那里一定是宝马雕车香满路,皇上还经常微服出宫观花灯,说不定在某个火树银花的地方还能碰见他呢。

　　宋代的元宵节共五天,我选择正月十五。不吃火锅,虽然它是在宋代发明的;也不去吃火腿,汴京的风味小吃应有尽有。那时"东坡肉"刚隆重上市,人们也不像现在的人怕胆固醇高,想大快朵颐的话机会多的是。如果在北宋,就吃油锤;在南宋,就吃元宵(汤圆)。这两种元宵食品现在还有,但到宋代吃才感觉原汁原味,不像现在,心境变了,过节的氛围也淡了。

顺便也大口吞咽一些节日的喜庆气氛。其实，无须用嘴，耳朵里灌满的爆竹声声早已将元宵的热闹气氛渲染得很浓烈，抬头看天空，缤纷的礼花在宋代的元宵夜开出各种色彩的花朵，比春天更早。

找一位宋代诗人，跟在他的背后，感受盎然的诗意，"灯树千光照"，跟随在你身后的是逐人来的明月。如果你跟随的是苏东坡，"飞火乱星球，浅黛横波翠欲流"，这是宿州的元宵；"明月如霜，照见人如画"，这是苏东坡眼中的"灯火钱塘三五夜"。元宵节的氛围不仅在舌苔上缭绕，还会在你的鼻翼上温存。"帐底吹笙香吐麝，更无一点尘随马。"那香会在我们的心底萦回，让心灵如化冻的河流。

跟随王安石也不错，你可以看一看花灯，猜一猜灯谜，还会看见一大户人家门前高悬的走马灯，灯下悬一上联，联曰："走马灯，灯走马，灯熄马停步。"你答不出不要紧，答出了就会被招为快婿，那就少了王安石的一段传奇。你只需默默地品味着下联"飞虎旗，旗飞虎，旗卷虎藏身"，然后感慨那时的学问真值钱，不像现在随房价的上涨不断贬值。

吟咏着欧阳修（一说朱淑真）的《生查子·元夕》，跟在他的身后，想起去年的元夕花市灯如昼。"月到柳梢头，人约黄昏后。"你可以给柳丝打一个结，挽住晚月；然后以诗词为道路，约来那个在多年以后走失的人，柔情脉脉地向她倾诉你藏在心底一千年的话语。"今年元夜时，月与灯依旧。不见去年人，泪湿春衫袖。"今年的元夜当是到了现代了，那个在诗意中走失的人还在宋代的路上，在路上的宝马雕车里,那满路的香和盈盈的笑语渐渐消失了,你的泪水和惆怅都是纯粹的,只与爱有关,只与情有关,不似现在掺杂了很多杂质。

在宋代过一个元宵节,不用红玫瑰,有诗歌和脉脉的眼神就够了。你可顺着辛弃疾的视线"众里寻他千百度",那期待和失落都是实在的,很有质地,可触可感。在宋代的你不必像现代人一样感慨"听说爱情会回来",那时的爱情也是纯粹的,就在不远的地方。"蓦然回首,那人却在,灯火阑珊处。"

(选自《情系中国节——传统习俗与文化》,青岛出版社 2009 年版)

阅读点拨

作者用古今穿越的形式,用诗意盎然的语言,给读者展示了一幅北宋元宵风俗画:观花灯,猜灯谜,吃元宵,品油锤,放爆竹,吟诗作画……样样流光溢彩,种种爽心悦目。信手拈来的诗词佳句,让人羡慕不已,因为有这么多圣贤陪同你过儒雅的元宵;俏皮灵动的比喻拟人,令人心悸荡漾,让你也身临其境,如同在北宋过浪漫的元宵。在作者极力铺陈北宋元宵之丰富多彩、温馨美好时,又总是把现实融汇其中,这就是作者的匠心所在。这样不留痕迹的对比,让我们听到了作者真实的呼声:让真情回归,让纯粹回归,让初心回归!

别样的山歌盛会

沈安娜

　　阳春三月,万物苏醒,草木新绿,黄莺在树上鸣叫,泥土里蚯蚓在翻身,一切都显得格外美好。春光明媚的日子,是出门旅行的最佳时机,我只身来到了浙江景宁。景宁是畲族人的聚集地,他们的传统节日"三月三"明天即将举行,我很庆幸自己正好赶上了。

　　第二天一大早,前往畲乡,途中遇到了不少畲族女子。这些女子身着色彩斑斓的传统服装,我立马被她们的行头给吸引住了。只见衣裳、围裙上绣着各种颜色的花鸟龙凤图案,腰后扎着一条金色的腰带,全身佩着各种银饰,走起路来叮叮当当直作响。至于头饰,一些年纪较轻的女孩用红绳缠住头发,编成长辫,高高地盘在头上。其他年长的妇女则戴着状似凤冠的头饰。

　　我十分好奇这装扮,询问畲族妇女后得知,这套装束叫作"凤凰装",系红头绳的是未出嫁的女孩子,戴凤冠的是已婚女子。"凤凰装"还有个美丽的传说:畲族的祖先盘瓠王平番有功,高辛帝把女儿三公主嫁于他。出嫁时,帝后将凤冠、凤衣给三公主作嫁衣,祝福她的生活像凤凰般呈祥瑞。三公主生女后,也将女儿做同样打扮。女儿出嫁时,凤凰还特地从凤凰山衔来凤凰嫁衣。从此,畲族女子便有着凤凰装以示吉祥如意的习俗。

到达景宁畲乡时，这里已经是人山人海。附近十里内外同宗祠的畲族人，云集在歌场上，男男女女对起歌来。"郎在那边娘在这边，你郎唱歌我来回。"一个漂亮的畲族妹子在含情脉脉地唱歌。甜美的歌声刚落音，对面的畲族男人中一个俊小伙子站了出来，大声回唱道："娘在那边郎这边，你娘唱歌我来回……"一首首婉转悠扬的山歌唱得整个在场的游客和畲族人都沉醉了。

歌会进行到一个阶段后，畲族的姑娘们突然将手中的彩带扔给围观的游客。根据习俗，接到彩带的游客要与畲族姑娘互赠小礼物，当作定情信物。我身边的一个青年游客也接到了彩带，小伙子略有害羞，在众人的鼓掌起哄下，他大胆地上前，赠给畲族姑娘一个银手镯，畲族姑娘回赠他一块手帕。畲族姑娘便成了青年游客的"新娘"，青年游客抱着"新娘"围着篝火跑一圈，接着双双坐上"鸳鸯椅"。然后青年游客"新郎"与畲族"新娘"一同唱起歌来，身边的畲族人告诉我歌词大意是"日月成双在天空，鲤鱼成双在水中。鸳鸯成双交颈睡，花烛成双满堂红"。

畲族人擅长唱歌，平时无论操劳家里，还是田间山头劳作，只要有畲族人的地方，都会听到他们唱歌的声音，更不用说婚丧嫁娶、传统民族节日这些重大的日子。畲族人的歌来自他们的日常生活。他们把自己的日出而作、日落而息的幸福生活编成美妙的山歌，唱出来祝福着。此刻，我在畲乡，亲眼见到这群身着绚丽服装的畲族人,亲耳听着畲族男女唱的山歌,感受着这热闹非凡、民族气息浓厚的画面,不禁心身都陶醉起来。

山歌从清早一直唱到了太阳下山。日暮后,我受到畲族老乡的邀请,前去他们家吃乌米饭。"三月三"吃乌米饭是畲族人的习俗。相传唐代时,畲族首领雷万兴和蓝奉高,率领畲族百姓起义,反抗压迫他们的统治阶级,被朝廷军队围困在大山上。众将士粮草绝尽,饥饿难忍,后靠吃一种叫"乌饭"的野果充饥度过年关。第二年三月三日他们突破包围,获得胜利。为纪念祖先的功劳,畲族人把三月三日定为节日,并吃"乌米饭"以示缅怀。

畲族老乡边给我盛了一大碗乌米饭,边告诉我乌米饭的做法。畲族人从野外山林里采集野生乌稔树的嫩叶,在石臼中捣烂,取出用布包好,放入锅中熬煮出一锅汤汁来,然后捞出布包,把糯米倒入汤里烧熟成饭。我尝了一口乌米饭,味道清香,细腻爽口,吃完后发现碗筷都乌黑了,估计自己的牙齿也黑了。

离开畲族老乡家时,天已经完全黑了。我踏上归途,路过畲族人家时,间或还能听到几句婉转悠扬的歌声……

（选自《中国民族博览》2017年第3期）

阅读
点拨

　　这篇散文记叙了"我"参加畲族人"三月三"盛大节日的情形，介绍了这一节日的由来和习俗，赞美了畲族人热爱生活、不屈不挠、热情纯朴的美德。文章注重细节的刻画，如写做乌米饭的过程，"采集""捣烂""取出""布包""熬煮""捞出""倒入""烧熟"这一连串的动词，把做饭的过程写得具体细腻。作者还加入了历史传说，如穿凤凰装和吃乌米饭，既写出了节日习俗的由来，又表现了畲族人的精神：穿凤凰装体现了畲族人对吉祥如意生活的向往；吃乌米饭，则是畲族人不畏强暴、不屈不挠的民族精神的写照。"三月三"是畲族人的盛大节日，也是畲族人对民族文化的传承，对民族精神的延续与发扬。

端午的阳光

熊红久

公元前 278 年的五月端午,流浪至汨罗江畔的屈原,得知秦国军队已攻破楚国郢都,他明白,支撑生命的最后一点亮光熄灭了。

当他把"举世皆浊我独清,众人皆醉我独醒"的诗句吟诵给江边渔夫的时候,就已经决定,要将自己的清澈与江水的晶莹合二为一了。我知道,这是屈子为保留个体纯净最无奈的选择,也是迄今为止,文化祭坛上,最高尚的选择。

最终,三闾大夫坐在了汨罗江边,坐在了五月初五的阳光里,把最后的生路溺死水中。怀中石的沉重,恰如其心。所以,屈原是抱着自己冰凉的心,走进旋流之中的。而那些"长太息以掩涕兮,哀民生之多艰""亦余心之所善兮,虽九死其犹未悔"的诗句,留在了岸上,留给了端午。一条江因为成就了一个诗人最后的心灵归属,而声名鹊起。一个节日,因为收留了伟大诗人的高尚魂魄,而内涵充溢。

端午,把缅怀和敬仰裹成了节日的粽心。

节日的寿命当然要比人的寿命长久许多,所以三闾大夫把自己的傲骨,托付给了这个节日,在结束自己物理生命的同时,也打开了精神的光芒。被江水濯洗的灵魂,恍如江面的粼粼波光,刺痛了后人的视线和思想。我知道,这种深入骨髓的隐痛,来自时间深处的召唤,一个背负着深重苦难,行走了两千多年的节日,其实是在为自己的存在,寻找一个答案。所以,端午节带给我们的,应该是溯流而上的文化追源,恰如诗人余光中所说:"蓝墨水的上游,是汨罗江。"

以我们现在的视角来看,用一个诗人的陨落,攀附上文化的崛起,或许是物有所值的。就像屈大夫生未能拯救楚国,却用死成就了《离骚》一样。忽然觉得,端午节其实更像是包裹粽子的苇叶,它把所有的内容和精髓,密密细细地包藏起来,让我们极具耐心地一层层打开,最后领略到事物的真相。熟透之时,苇叶汲取了糯米的黏质,糯米渗透着苇叶的清香,似如端午与屈子之间的浸染,节与人的统一。

对端午节的最初认知,完全来自于粽子。那时候的小学课本,还没有涉及《楚辞》或者《离骚》的片言碎语,文化不高的母亲也无法给我们讲述端午节的由来,好在粽子并不因为我们的无知而改变所蕴含的味道。所以,我总会把端午节和甜香黏软的糯米联姻起来。这使得整个贫乏的生活,还能透射出星星点点的光亮,就像枯枝间的苞蕾,渗漏出些许隐秘的春意。

现在看来,那些夹杂在一年日历中为数不多的能改变我们饮食向往的节日,早已成为精神层面抵挡艰难生活的盾牌。从这个意义上说，我们应该为拥有这些值得回味的生活而向三闾大夫叩谢的。对童年而言，这是一个多么充满人文关怀的节日啊！那种甜腻的感觉，一直泛舟舌津。

后来知道了屈原和楚怀王，知道了《国殇》和汨罗江，知道了每年这一天，人们蜂拥江岸，插艾蒿、挂菖蒲、吃粽子、竞龙舟，把一种悲情的怀念渲染成了欢悦的行为，既热热闹闹又轰轰烈烈。

历史会在很多场合，拐出一道弯来，就像屈原投江时所选择的河泊潭一样——它是汨罗江注入洞庭湖口前的弯曲处。这种弯道，对河流而言，只是改变了水的流向和速度；对三闾大夫而言，却是以生命为笔，填充了历史的章节，引领了情感的走向。许多典故，都停泊在河流的弯道，这些远航至此的细节，因为承载了有温度的夙愿，使得坚硬的历史，柔软了许多。所以，更多的时候，是生命的结局，让历史的叙述更具悲情。明白了这一点，再品尝粽子时，心的分量，会沉重许多。

事情往往是这样，在分享一种传统时，我们更多的时候只是在关注它所带来的结果，而对其中蕴含的真谛，却很少探究了。因为时空的距离，让来源变得愈加缥缈和混沌。好在历史给了我们最好的解决方式，它让时间淡化了一个国家的破碎的同时，却强化了一种品质的高贵。它让我们穿越两千三百年的距离，来聆听一条河流的潮汐。这时候的端午，或许更像是一缕阳光，从汨罗江的源头流淌过来，映照着江边每一位过客的内心。

我知道,有些品格是无法僭越的,它更像一面古镜,端放在我们必经的路口,让人们从历史影像中,找到现实的倒影。

(选自《人民日报》2016 年 5 月 21 日)

阅读点拨

　　这篇散文以"端午"为线索组织材料,记叙了屈原在五月五日自沉汨罗江的故事,点明了屈原与端午节的关系,介绍了端午节以及端午习俗的由来,回顾了自己对端午节的认知过程,表现了屈原纯洁高尚的品质,赞颂了屈原忠贞不渝的爱国精神。同时也告诫人们,在享受传统节日带给我们的快乐时,不要忘了其中蕴含着的中华民族的精神和灵魂。文章语言如诗一般优美,意蕴深厚,富有张力。

咸菜茨菇汤

汪曾祺

一到下雪天，我们家就喝咸菜汤，不知是什么道理。是因为雪天买不到青菜？那也不见得。除非大雪三日，卖菜的出不了门，否则他们总还会上市卖菜的。这大概只是一种习惯。一早起来，看见飘雪花了，我就知道：今天中午是咸菜汤！

咸菜是青菜腌的。我们那里过去不种白菜，偶有卖的，叫作"黄芽菜"，是外地运去的，很名贵。一盘黄芽菜炒肉丝，是上等菜。平常吃的，都是青菜。青菜似油菜，但高大得多。入秋，腌菜，这时青菜正肥。把青菜成担的买来，洗净，晾去水气，下缸。一层菜，一层盐，码实，即成。随吃随取，可以一直吃到第二年春天。

腌了四五天的新咸菜很好吃，不咸，细、嫩、脆、甜，难以比拟。

咸菜汤是咸菜切碎了煮成的。到了下雪的天气，咸菜已经腌得很咸了，而且已经发酸。咸菜汤的颜色是暗绿的，没有吃惯的人，是不容易引起食欲的。

咸菜汤里有时加了茨菇片，那就是咸菜茨菇汤。或者叫茨菇咸菜汤，都可以。

我小时候对茨菇实在没有好感。这东西有一种苦味。民国 20

年，我们家乡闹大水，各种作物减产，只有茨菇却丰收。那一年我吃了很多茨菇，而且是不去吃茨菇的嘴子的，真难吃。

我十几岁离乡，辗转漂流，三四十年没有吃到茨菇，并不想。

前好几年，春节后数日，我到沈从文老师家去拜年，他留我吃饭，师母张兆和炒了一盘茨菇肉片。沈先生吃了两片茨菇，说："这个好！格比土豆高。"我承认他这话。吃菜讲究"格"的高低，这种语言正是沈老师的语言。他是对什么事物都讲"格"的，包括对于茨菇、土豆。

因为久违，我对茨菇有了感情。前几年，北京的菜市场在春节前后有卖茨菇的，我见到，必要买一点。回来加肉炒了，家里人都不怎么爱吃，所有的茨菇，都由我一个人"包圆儿"了。

北方人不识茨菇，我买茨菇总要有人问我："这是什么？"——"茨菇。"——"茨菇是什么？"这可不好回答。

北京的茨菇卖得很贵，价钱和"洞子货"（温室所产）的西红柿、野鸡脖儿韭菜差不多。

我很想喝一碗咸菜茨菇汤。

我想念家乡的雪。

（选自《故乡的食物》，江苏文艺出版社 2010 年版，有删改）

阅读
点拨

　　这是一篇语言朴实、意蕴隽永的散文。作者首先引出家乡的习俗，即下了雪要喝一碗咸菜茨菇汤，接着介绍咸菜茨菇汤的做法，然后写自己对咸菜茨菇汤的情感变化。咸菜茨菇汤只是文章的叙事线索，喝咸菜茨菇汤也只是家乡的一种习俗，但作者却以此为载体，抒发了对家乡的热爱和对家乡的思念。看似平淡的拉家常，但思家念家的情感之泉却在汨汨流淌。

民以"食"为天

俞水生

  自古以来,中国就有"民以食为天"的说法。中国人在饮食上追求美感与愉悦,讲究色、香、味、形俱佳。中国饮食不仅内容丰富,其背后蕴含的文化也非常丰厚。

  中国疆域辽阔,地形多样,加上气候多变,这就为中国人的饮食提供了大量的动植物原料,并形成了汉民族的基本饮食结构特征:以粮食作物为主食,以丰富的动植物作为副食。

香料

  米食和面食是汉族主食的两大类型。南方因气候湿热,多种植稻类,故以米食为主;北方气候相对干冷,多种植小麦,则以面食为主。

  与丰富的主食相对,作为副食,中国菜肴在长期烹饪中出现了许多流派,并形成不同类型的地方菜系。其中,粤菜、川菜、鲁菜、淮扬菜、浙菜、闽菜、湘菜、徽菜被称为"八大菜系"。不同的菜系,其口味具有很大的不同。过去,人们常把中国人的口味概括为南甜、北咸、东辣、西酸。此说在一定程度上道出了我国饮食文化的地区差异,也反映了人们的口味与地理环境存在着相应的关系。比如,喜辣的饮食习俗多与东部地区气候潮湿有关,经常吃辣可以驱寒去湿;过去新鲜蔬菜在北方是罕见的,人们习惯把菜腌制后慢慢食用,这样,北方大多数人就养成了吃咸的习惯。

除了地理环境因素外,各地的烹煮方法,包括配料、调味、火候、刀工等不同要求,都是形成不同菜肴类型的重要因素。我们在品尝美味佳肴时,往往会说这道菜好吃,然而若要进一步细究为什么"好吃",恐怕一般人就讲不清楚了。这说明,中国饮食似乎有着一种难以言传的奥妙。这种奥妙,关键在于它的味道。与西方"菜生而鲜,食分而餐"的饮食传统相比,中国烹饪更讲究调和之美,这是中国烹饪艺术的精妙之处。美味的产生在于调和,使食物的本味、配料和调料,交织融合在一起,使之达到中和之美的最佳味道。

中国很早就有"礼乐文化始于食"的观念。从古到今,中国人喜欢把饮食与节庆、礼仪活动结合在一起,每逢年节或婚丧寿辰,都会举办各种宴请活动。在节日里,人们通过相应的饮食活动既可加强亲友联系,又可活跃节日的气氛。过节的菜肴也有讲究,经常通过谐音、双关等方式,表达吉祥、祝福的寓意,如"鸿运当头""全家福"等。

一个地区的饮食礼俗具有相对的稳定性,但并不是一成不变的。近年来,随着经济的快速发展和生活水平的不断提高,人们在吃的方面已不满足于吃饱、吃好，而是对"吃什么"和"怎么吃"讲究起来。显然，这已不单是为满足口欲而吃，主要是为健康长寿而吃了。

阅读点拨

　　这篇说明文用平实的语言介绍了南北方的饮食结构特征以及饮食礼俗文化。"中国饮食不仅内容丰富，其背后蕴含的文化也非常丰厚"，这是贯穿全文的中心句。饮食内容丰富主要从主食和副食两个方面诠释，副食方面主要介绍不同流派的特点以及形成的原因，突出了中国独特的饮食风俗。然后列举典型事例说明中国饮食包含的文化元素。最后补充说明中国饮食的创新与发展，进一步突出了中国饮食的特点。文章层层推进，逻辑严密，主次分明，详略有致，突出了思维的条理性和严密性。

习家池的修禊习俗

刘克勤

修禊，是中国传统文化中的精粹。东汉应劭《风俗通义·祀典》说："禊者，洁也。谨按《周礼》男巫掌望祀，旁招以茅，女巫掌岁时以袯除衅浴。"但从《诗经·溱洧》来看，修禊由纯祭祀活动逐步演变为带有节日性的活动。三月桃花盛开，百花馥郁，河水荡漾，水盈碧泛，阳光明媚的时候，郑国的青年男女到溱洧两水上沐浴，以洁身除秽邪之气，临别互赠花草。《韩诗》载："郑俗，三月上巳，之溱、洧之上，招魂续魄。秉兰草，拂不祥。"这应该就是修禊的前身。

但是到了两汉,修禊的形式发生了变化,其神秘繁复的色彩减少了很多。祭祀只是象征性的,在水曲山隈处喝酒吟诗成了主要内容,成为一种官民同乐的高雅有趣的节日活动。到了宋代其内容已经根据喜好随意增减了。文人雅士多曲水流觞,临河赋诗歌咏。一般民众则游春踏青,赏览春光。

史上最著名的一次修禊集会是东晋永和九年(公元353年),王羲之父子、谢安、孙绰等共41人在山阴(今绍兴)兰亭举行的。贤士名流分列两岸,参差坐于茂林修竹中,曲水赋诗,纵酒狂欢。王羲之作《兰亭集序》,成为天下第一行书。但影响巨大波及全国的修禊活动是清康乾年间扬州瘦西湖畔的三次"红桥修禊",主持者皆为名士,参加者近万,规模空前,成为中国诗歌史上的盛举。其方式是在洗濯后,列坐水畔,随水流羽杯,举觞吃酒,吟诗作词。

襄阳也是一个有修禊传统的地方,而习家池就是主要的修禊地点。《湖广通志·襄阳府》载:"县东十里,有白马泉,晋习凿齿居焉,因名习家池。"宋祝穆撰《方舆胜览·襄阳府》载:"每年三月三日,刺史禊饮于此。"六朝时的《荆楚岁时记》云:"三月三日,四民并出水滨,为流杯曲水之饮,取黍曲菜汁和蜜为饵,以厌时气。"

襄阳习家池修禊习俗极可能源于东汉。但是,从东汉到隋没有文字记录。发现最早的修禊诗文是孟浩然《襄阳公宅饮》诗:"窈窕夕阳佳,丰茸春色好。欲觅淹留处,无过狭斜道。绮席卷龙须,香杯浮玛瑙。北林积修树,南池生别岛。""北林积修树,南池生别岛"写修禊之时，习家池风景无限。"绮席卷龙须，香杯浮玛瑙"则写禊饮者的神态和曲水流觞的场景。

记载比较详尽的一次习家池修禊是清道光五年（1866），习家池改扩建及灌溉工程完成，应官民要求，太守周凯亲自主持了这次庆祝落成暨修禊活动。是日，习家池松篁交翠，桃柳夹岸，泉涌石洑，潺湲遭回，七十多位嘉宾、耆旧、士人、幕僚列坐池滨。曲水流觞，大家各赋诗一首。可惜这些诗今日未能目见。从周凯其他诗中我们约略可见，"盈盈水一泓，清浅鉴毛发""胜事不可追，兰亭久消歇""烹泉坐池上，默默问残碣"，便勾勒出当时的情景。这次修禊，成为襄阳历史上传为美谈的盛事。

孟浩然诗曰："山水观形胜，襄阳美会稽。"襄阳，胜迹如林，修禊之事为何独情于习家池？习家池亦称高阳池，乃东汉初襄阳侯习郁所修建，为中国私家园林鼻祖。此处藏气聚风，名士辈出，为文人骚客垂青偏爱。高僧曾在此"弥天"，孟浩然有涧南居；李太白且醉池上亭，杜工部清思汉水上；李商隐曾共山翁把酒时，皮日休十宿高阳忘却回；白居易赋诗借良驹，欧阳修《醉翁亭记》续新词。习家池为文人雅士提供了最好的山水环境。他们的闲情逸致，往往在乐山爱水中，托酒而出。"古来圣贤皆寂寞，唯有饮者留其名""醉翁之意不在酒，在乎山水之间也"，故习家池有"醉酒诗千篇"美誉也。

习家池修禊，在乎山、在乎水、在乎酒、在乎意境矣！

（选自《楚天都市报》2013 年 2 月 2 日，有改动）

阅读
点拨

　　这篇文章可分两个层次来解读，第一个层次介绍了修禊这一习俗的演变：修禊是由纯祭祀活动逐步演变而来；到了两汉，修禊神秘繁复的色彩减少，祭祀只是象征性的活动；发生在东晋的兰亭集会是历史上最著名的一次修禊活动；清康乾年间扬州瘦西湖畔举行的三次"红桥修禊"活动影响巨大，规模空前。第二个层次介绍了襄阳习家池修禊习俗的变迁：襄阳习家池的修禊习俗很有可能源于东汉；清道光五年习家池修禊是文献记载比较具体的一次修禊活动；襄阳习家池为历代文人骚客所垂青偏爱。作者引用史籍，翔实周密，增添了文章的可信度；引用诗句恰到好处，增添了语言的感染力；用词也极为讲究，如"极可能""比较详尽"等词语留有余地，增添了表达的严谨性。

老北京之吆喝

张桂婷

北京有个"吆喝大王"——已是古稀之年的臧鸿老先生,会吆喝 100 多种老北京用的、玩的、吃的、喝的叫卖声。但凡老字号重张,他都得去给老买卖吆喝两嗓子。1993 年,南来顺重新归置了100 多种京味小吃,他专门去捧场。有口卖高桩柿子的词儿他是这么吆喝的:"嘞——高桩儿的嘞——柿子嘞——不涩的嘞——涩的还有换嘞!"

其实,吆喝的本意是大声喊叫。《儒林外史》里正在灯下念文章的匡超人"忽听得门外一声响亮,有几十人声一齐吆喝起来"。这大声喊叫的吆喝何时用作叫卖的吆喝?笔者没有考证,但卖东西吆喝着卖,则古已有之。最早的是姜太公在肆里做屠夫就"鼓刀扬声";宋时开封街市上有"喝估衣"者、有"卖药及饮食者,吟叫百端"。明代的北京有吆喝着卖花的,阳春三月桃花初放,满街唱卖,其声艳羡;至清末民初以至新中国成立前和新中国成立初的一段岁月,老北京的吆喝就更绘声绘色了——

卖心里美萝卜的吆喝:"萝卜赛梨哎——辣来换!"卖冰糖葫芦的吆喝:"蜜嘞哎嗨哎——冰糖葫芦嘞!"卖金鱼的吆喝:"一大一

条,二大一条,我不是卖黄瓜的,我是卖大小金鱼的!"卖蟠桃的就更吆喝出个花儿:"这不是大姑娘扎的,也不是二姑娘绣的,这是三姑娘逛花园一脚踩下一个扁盖儿桃!"……

吆喝也非京华仅有,而是遍及各地都市的街头巷尾。比如徐州,笔者于20世纪50年代初就听见过"炕鸡嘞嗨——炕鸡哎!"的吆喝,"刮子篦子——刮子篦子!"的吆喝,经指点原是常州人在叫卖梳子、篦子;还有早市上"大米小米豇绿豆,白面一勾五碰头的稀饭嘞——糖包豌豆包!"的吆喝声,秋冬夜色中远处传来的"烤白果嘞——白果!""里外青的萝卜嘞!"的吆喝声,声声入耳。

两年前,一位专回徐州探望的华侨王老先生,在当年住过的老巷子里忽地听见一蹬三轮者用电喇叭吆喝"臭豆干!"老先生听了摇着头说:"没那味了。五十多年前的吆喝像唱曲一样。现在要想再听,只有去听相声了。"

不错,这种从早到晚络绎不绝、抑扬顿挫、生动风趣出自小商小贩之口的吆喝,确实走进了艺术殿堂,受到艺术家的青睐。传统相声《卖估衣》里就有吆喝的活儿。现代京剧《红灯记》里的磨刀人也吆喝了一句:"磨剪子嘞——戗菜刀!"前文提到的吆喝大王前些年还为反映老北京的《城南旧事》《四世同堂》等影视剧配过吆喝声,而十多年前有个小品中的吆喝"卖大米嘞——卖大米!"也着实火了一把。

沿街串巷的五行八作的贩夫走卒,将贩卖货物用曲艺清唱或口技形式吆喝出来，他们不愧为韵味十足的吆喝艺术家。而时下有些艺术家的"吆喝"却没那味了。不信？你打开电视瞧瞧，那些歌星、笑星、影星、视星……众多的星星艺术家，在荧屏里面对着亿万观众"吆喝"着"我爱××""用了真的好舒服""谁穿谁精神""实惠，看得见——不到一块钱"……都什么味儿？

（选自《人民日报》海外版 2002 年 9 月 4 日，有改动）

阅读点拨

　　老北京的吆喝抑扬顿挫，幽默生动，充分展现了北京这座有着丰厚文化底蕴的老城的人文风采。文章开篇点题，从"吆喝大王"的吆喝声写起，介绍吆喝声的演变过程，列举典型事例描述老北京的吆喝。　然后把老北京的吆喝和其他地区的吆喝对比，突出老北京之吆喝是一种艺术，吆喝的是生活，是生命，不是表演和作秀。　在缓缓追忆的语调中，洋溢着满满浓浓的生活气息，流露出作者对昔日"吆喝"的留恋，并为传统文化的日渐消失而痛心和遗憾。

苗 庄 酒 事

杨文斌

秋粮归仓,农具归库后,进入腊月,农事的脚步就可放缓了。剩下来的大把空闲时光,村庄里的女人们却是不能闲着的,她们还得去准备过年所需的东西。真正有空闲的,还数村庄里那些男人们了。这个时节,男人们就留出足够的时间,专门用来喝酒。

在苗庄这个300余户人家的村庄里,酒事几乎天天都有。逢年过节自不必说,大到婚丧娶嫁、起房造屋、三朝周岁,小到竖门起仓、谢桥修路、远出归来,都要邀朋请友,喝上几碗。甚至哪家男人买了只好画眉,哪家耕牛卖了个好价钱,哪家夫妇吵架拌嘴……只要左邻右舍、亲朋好友知道了,大家都要找个机会,不妨说是找个借口前去喝酒。

每每这个时候,客人无须准备什么厚礼,只需买几挂鞭炮去主人家门前燃放一番就行了。主人也没什么好准备的,菜是自家做的腌肉、干肉;鱼是自家稻田里养的田鱼,早在每年谷子黄尖时就抓来洗净做成了腌鱼、干鱼。而酒呢? 自然也是自家亲手种的稻米精心酿制出来的醇香米酒。

主人在暖烘烘的火房里就着火炕沿,把菜和酒碗逐一摆好,再在火红的炭火上放一口铁锅,把锅里的猪脚或炒或炖,还可以根据客人的口味来烹调——酸汤、清汤、麻辣汤一应俱全。这时,主人就可邀客人入席就座了。

入席就座,在当地也是颇有讲究的。伙房门对面的位置称上席,那是留给最尊贵的来客坐的;而靠门边或灶台的位置,则是主人的座位,这样方便主人为后面的来客开门、盛饭或去打酒。

在苗庄,喝酒用的器具一律是饭碗。开席后,不分主客先倒上大半碗,确实不会饮酒或身体欠佳的客人对主人阐明缘由后,可以免喝。但对于远道而来的客人,整顿饭你滴酒不沾则已,如禁不住醇香米酒的诱惑或主人的盛情邀请,一旦开了酒戒,主人是不会轻易让客人辞杯的。客人不醉,主人就不会放客人走。席间为劝客人多喝酒、多吃菜,主人的劝说方式层出不穷,但划拳猜令则是最常用的方式。

在苗庄,不管男女老幼,会划拳、善划拳者居多。如来客有女客且不会划拳,也可以用现代年轻人常用的"锤子、剪刀、布"猜令规则代替。酒过三巡,划拳喝酒正式开始。划拳的具体方式往往由主人来定:有"边边拳",把主客按相等的人数分成两组对划;有"自由拳",一个人跟其他所有人一拳见面,依次循环;有"跑马拳"(当地称"扛篮子走路"),由其中一人一拳开始,赢者休息,输家则一直得走下去,直到赢为止。在双方划拳开始时,彼此都要说些诸如元宝归库(零)、一心敬老、二梅有喜、三多财多、四季发财、五福临门、六位高升、七财七喜、八方大利、九长久远、全家纳福(十)等祝福对方的吉利话,当地称"套拳"。

因为喝酒,山村冬天冰凉寂寞的夜,便平添出许多生气来。因为醉酒,山村冬天的夜,也平生出许多让人啼笑皆非的事儿来。

一天夜里,隔壁旺哥家喝酒的客人都散了,父子俩送走客人回来后继续划拳。深夜,我几次从梦中醒来仍听到他们的划拳声:"快就来啊! 两兄弟好哇! 林妹妹啊! 云梯哈!"听得我一头雾水。第二天一早我遇到旺哥,问他家昨晚一直划拳的还有其他人吗? 他回答说就只有他们父子俩。我把手机录音放给他听,他自己听得哭笑不得。原来醉酒后,他们父子之间划拳时居然称兄道弟了。我又问他"林妹妹""云梯"是谁? 他回答,林妹妹就是划拳时"零"个的意思啊! 而"云梯"则是六位高升拳中,脚踩云梯步步高之意,简称"云梯"!

在苗庄流传甚久的另一个酒后趣事,让村里人铭记至今。说是改革开放初期,两位老人夜里喝醉了酒。由于两家居住地相隔有二里远,两位老人彼此都怕对方回家途中摔倒或找不着回家的路,于是彼此搀扶着,边走边歌。当一位把对方送到家门口后,到家的那位又怕对方不能安全回去,于是又把对方往回送。第二天天亮后两位老人的子女才发现,原来两家老头子彼此相送,唱了一夜歌,也走了一夜路,他们无数次走到自家门口,却没有一个真正踏进家门半步。

一个颇爱书法且好喝酒的苗庄人在自己书房里写了幅斗大的"酒"字,运笔龙飞凤舞,字体遒劲有力。村里人问他如何来欣赏这个"酒"字? 他作出了如此解释:"好酒者,莫过于酒字偏旁三点水也。第一笔,一点水代表刚喝酒人的状态——轻言细语;第二笔,两点水表示酒已喝了七分人的谈吐——豪言壮语;而第三笔柔中带刚,则为酒后烂醉如泥者——胡言乱语。"

苗庄人爱酒,但很少嗜酒如命,借酒滋事。在苗庄人眼里,酒是平淡乡村生活的调味剂,是春耕、夏播、秋收、冬藏的原始生命力。而在苗庄人心里,酒则是好日子长长久久的期盼,是待客之时以酒为媒、主客情谊久久长长的桥梁纽带,是苗家人与生俱来的待客之道。

许多年后,我仍会想起那人那歌那情怀,醉了的不只是人,还有那座淳朴的村庄。

(选自《民族日报》2011年3月9日,有改动)

阅读点拨

男人们在秋后、在腊月空闲的时间里喝酒,这是苗庄的习俗。文章介绍了苗庄人喝酒的特点:苗庄人天天喝酒,但是有原则,他们嗜酒但是不醉酒;苗庄人去主人家喝酒无须准备厚礼,只需燃放几挂鞭炮;主人也不会刻意招待,平常饭菜即可,大碗喝酒,肆意划拳,苗庄人不矫揉不造作;两位老人酒后互送,你来我往,居然送了一夜,苗庄人友爱厚道。苗庄人的生活很平静,苗庄人的生活也很甜美。苗庄的酒醉了整个村庄,也醉了读者的心房。

我思我行

【理解感悟】

你想去宋朝过个元宵节吗？ 请说说你的感想。

【实践拓展】

"萝卜赛梨哎——辣来换！""一大一条，二大一条，我不是卖黄瓜的，我是卖大小金鱼的！"老北京的吆喝抑扬顿挫，有板有眼。 试一试，为你家乡的土特产写几句吆喝词。

大年三十，张伯家的女儿与在北方长大的女婿从北京回到长沙过年。 做年夜饭的时候，张伯特意嘱咐老伴，做菜的口味要稍微咸一点，一定要做一道红烧鱼。 这是为什么呢？ 你家乡的年夜饭有什么讲究？

【阅读延伸】

《中国民俗》（杨超 著）

《中国民俗》从中华民族的饮食文化、服饰文化、传统建筑、传统节日、婚庆礼仪、信仰禁忌以及民间艺术等诸多层面，以生动的语言、精美的图片、丰富的人文蕴含，在我们眼前展开了一幅精彩生动的民俗画卷。 推荐大家读一读，了解中国民俗的形成与内涵，领略中国民俗文化的魅力，激发我们爱家乡、爱祖国的情怀。

传统文化知多少

<h2 style="text-align:center">诗人笔下的节日习俗</h2>

1. 元宵： 去年元夜时，花市灯如昼。 （宋）欧阳修

2. 元宵： 元宵争看采莲船，宝马香车拾坠钿。 （宋）姜白石

3. 清明： 江上冰消岸青青,三三五五踏青行。 （宋）苏辙

4. 端午： 樱桃桑葚与菖蒲，更买雄黄酒一壶。 （清）李静山

5. 端午： 堪笑楚江空渺渺，不能洗得直臣冤。 （唐）文秀

6. 中秋： 海上生明月，天涯共此时。 （唐）张九龄

7. 中秋： 小饼如嚼月，中有酥和饴。 （宋）苏东坡

8. 重阳： 遥知兄弟登高处，遍插茱萸少一人。 （唐）王维

第三单元
小说览胜

　　《世说新语》中理趣同存的逸闻琐事，《聊斋志异》里奇幻诡异的鬼怪故事，你想一睹为快吗？侠肝义胆，智勇双全的武松；憨态可掬，给贾府带去快乐的刘姥姥，你想了解他们吗？　本单元选取了中国古典小说中这些精彩故事，虽然只是撷取了文海浪花中的几朵，但它们能引领我们在中国古代小说的烟海中扬帆远航。

　　阅读本单元，我们能理解小说中的人物特点和小说的主题思想，品味小说的艺术魅力，了解古典名著对中国文化的深远影响。

石崇与王恺争豪①

[南朝宋]刘义庆

    石崇与王恺争豪,并穷②绮丽,以饰舆服。武帝,恺之甥也,每助恺。尝以一珊瑚树高二尺许赐恺,枝柯扶疏③,世罕其比。恺以示崇,崇视讫④,以铁如意击之,应手而碎。恺既惋惜,又以为疾⑤己之宝,声色甚厉。崇曰:"不足恨⑥,今还卿。"乃命左右悉取珊瑚树,有三尺、四尺、条干绝世、光彩溢目者六七枚,如恺者甚众。恺惘然自失。

【注解】

① 选自《世说新语译注》,中华书局 1998 年版。《世说新语》是中国魏晋南北朝时期笔记小说的代表作,由刘义庆组织一批文人编写。刘义庆(403—444),彭城(今江苏徐州)人,南朝宋文学家。

② 穷:尽,用尽。

③ 扶疏:茂盛的样子。

④ 讫(qì):完结,终了。

⑤ 疾:通"嫉",嫉妒。

⑥ 恨:遗憾。

阅读点拨

　　文章采用衬托和对比的手法，通过石崇与王恺争豪比富的故事，反映西晋时期士族阶层奢侈腐化的社会现象，运用精炼含蓄、隽永传神的语言，把达官贵族豪华奢侈的程度写到了无以复加的地步。作者通过描写独特的言谈举止，彰显了独特人物的独特性格，使之气韵生动，活灵活现。

孙行者大闹黑风山（节选）①

[明]吴承恩

却说行者攻门不开，也只得回观音院。那本寺僧人已葬埋了那老和尚，都在方丈里服侍唐僧。早斋已毕，又摆上午斋，正那里添汤换水，只见行者从空降下，众僧礼拜，接入方丈，见了三藏。三藏道："悟空你来了，袈裟如何？"行者道：

孙悟空塑像

"已有了根由②。早是不曾冤了这些和尚，原来是那黑风山妖怪偷了。老孙去暗暗地寻他，只见他与一个白衣秀士，一个老道人，坐在那芳草坡前讲话。也是个不打自招的怪物，他忽然说出道：后日是他母难之日，邀请诸邪来做生日，夜来得了一件锦襕佛衣，要以此为寿，作一大宴，唤作庆赏佛衣会。是老孙抢到面前，打了一棍，那黑汉化风而走。道人也不见了，只把个白衣秀士打死，乃是一条白花蛇成精。我又急急赶到他洞口，叫他出来与他赌斗。他已承认了，是他拿回。战够这半日，不分胜负。那怪回洞，却要吃饭，关了石门，惧战不出。老孙却来回看师父，先报此信，已是有了袈裟的下落，不怕他不还我。"

　　众僧闻言，合掌的合掌，磕头的磕头，都念声："南无阿弥陀佛！今日寻着下落，我等方有了性命矣！"行者道："你且休喜欢畅快，我还未曾到手，师父还未曾出门哩。只等有了袈裟，打发得我师父好好地出门，才是你们的安乐处；若稍有些须不虞③，老孙可是好惹的主子！可曾有好茶饭与我师父吃？可曾有好草料喂马？"众僧俱满口答应道："有！有！有！更不曾一毫有怠慢了老爷。"三藏道："自你去了这半日，我已吃过了三次茶汤，两餐斋供了，他俱不曾敢慢我。但只是你还尽心竭力去寻取袈裟回来。"行者道："莫忙！既有下落，管情拿住这厮，还你原物。放心，放心！"

　　正说处，那上房院主，又整治素供，请孙老爷吃斋。行者却吃了些须，复驾祥云，又去找寻。正行间，只见一个小怪，左胁下夹着一个花梨木匣儿，从大路而来。行者度他匣内必有什么柬札④，举起棒，劈头一下，可怜不禁打，就打得似个肉饼一般，却拖在路旁。揭开匣儿观看，果然是一封请帖。帖上写着：

　　侍生熊罴⑤顿首拜，启上大阐金池老上人丹房：屡承佳惠，感激渊深。夜观回禄之难，有失救护，谅仙机必无他害。生偶得佛衣一件，欲作雅会，谨具花酌，奉扳清赏。至期，千乞仙驾过临一叙。是荷。先二日具。

　　行者见了，呵呵大笑道："那个老剥皮，死得他一毫儿也不亏！他原来与妖精结党！怪道他也活了二百七十岁。想是那个妖精，传他些什么服气的小法儿,故有此寿。老孙还记得他的模样,等我就变作那和尚,往他洞里走走,看我那袈裟放在何处。假若得手,即便拿回,却也省力。"

　　好大圣,念动咒语,迎着风一变,果然就像那老和尚一般,藏了铁棒,拽开步,径来洞口,叫声开门。那小妖开了门,见是这般模样,急转身报道:"大王,金池长老来了。"那怪大惊道:"刚才差了小的去下简帖请他,这时候还未到那里哩,如何他就来得这等迅速?想是小的不曾撞着他,断是孙行者呼他来讨袈裟的。管事的,可把佛衣藏了,莫教他看见。"行者进了前门,但见那天井中,松篁交翠,桃李争妍,丛丛花发,簇簇兰香,却也是个洞天之处。又见那二门上有一联对子,写着:"静隐深山无俗虑,幽居仙洞乐天真。"行者暗道:"这厮也是个脱垢离尘、知命的怪物。"入门里,往前又进,到于三层门里,都是些画栋雕梁,明窗彩户。只见那黑汉子,穿的是黑绿绉丝袢袄,罩一领鸦青花绫披风,戴一顶乌角软巾,穿一双麂皮皂靴,见行者进来,整顿衣巾,降阶迎接道:"金池老友,连日欠亲。请坐,请坐。"行者以礼相见,见毕而坐,坐定而茶。茶罢,妖精欠身道:"适有小简奉启,后日一叙,何老友今日就下顾也?"行者道:"正来进拜,不期路遇华翰,见有佛衣雅会,故此急急奔来,愿求见见。"那怪笑道:"老友差矣。这袈裟本是唐僧的,他在你处住扎,你岂不曾看见,反来就我看看?"行者道:"贫僧借来,因夜晚还不曾展看,不期被大王取来,又被火烧了荒山,失落了家私。那唐僧的徒弟,又有些骁勇,乱忙中,四下里都寻觅不见。原来是大王的洪福收来,故特来一见。"

正讲处,只见有一个巡山的小妖来报道:"大王! 祸事了! 下请书的小校,被孙行者打死在大路旁边,他绰着经儿变化做金池长老,来骗佛衣也!"那怪闻言,暗道:"我说那长老怎么今日就来,又来得迅速,果然是他!"急纵身,拿过枪来,就刺行者。行者耳朵里急掣出棍子,现了本相,架住枪尖,就在他那中厅里跳出,自天井中,斗到前门外,唬得那洞里群魔都丧胆,家间老幼尽无魂。这场在山头好赌斗,比前番更是不同。

他两个从洞口打上山头,自山头杀在云外,吐雾喷风,飞沙走石,只斗到红日沉西,不分胜败。那怪道:"姓孙的,你且住了手。今日天晚,不好相持。你去,你去! 待明早来,与你定个死活。"行者叫道:"儿子莫走! 要战便像个战的,不可以天晚相推。"看他没头没脸的,只情使棍子打来,这黑汉又化阵清风,转回本洞,紧闭石门不出。

【注解】

① 选自《西游记》第十七回,人民文学出版社 1980 年版,有删节。

　　吴承恩(约 1500—1583),淮安府山阳县人,明代杰出的小说家。

② 根由:缘由,来历。

③ 不虞:指出乎意料的事。

④ 柬札：信件。

⑤ 熊黑：原是一头黑熊，住在黑风山里的黑风洞，修行多年成为精怪，使一柄黑缨长枪，善于变化，手段也很厉害。

阅读点拨

　　本文是孙悟空与熊黑怪第二次交战。唐僧袈裟被偷，孙悟空探明缘由后变作被他打死的金池老和尚，独闯黑风洞。熊黑怪识得真相，二人打斗不休。作者对二人斗法场面着墨不多，但却通过对话与心理描写，将孙悟空变成金池老和尚与熊黑怪周旋的情景写得细腻周到，绘声绘色，显示出熊黑怪的狡猾善斗，反衬出孙悟空的胆识过人、聪慧超群。

柳 秀 才①

[清]蒲松龄

明季②，蝗生青兖间，渐集于沂。沂令忧之。退卧署幕③，梦一秀才来谒，峨冠绿衣，状貌修伟。自言御蝗有策。询之，答云："明日西南道上，有妇跨硕腹牝④驴子，蝗神也。哀之，可免。"令异之，治具出邑南。伺良久，果有妇高髻褐帔，独控老苍卫，缓蹇⑤北度。即香，捧卮酒，迎拜道左，捉驴不令去。妇问："大夫将何为?"令便哀恳："区区小治，幸悯脱蝗口。"妇曰："可恨柳秀才饶舌，泄我密机! 当即以其身受，不损禾稼可耳。"乃尽三卮，瞥不复见。后蝗来，飞蔽天日，然不落禾田，但集杨柳，过处柳叶都尽。方悟秀才柳神也。或云："是宰官忧民所感。"诚然哉!

【注解】

① 选自《聊斋志异》，上海古籍出版社 2004 年版，有删改。《聊斋志异》简称《聊斋》，俗名《鬼狐传》，是中国清朝著名小说家蒲松龄创作的文言短篇小说集。蒲松龄(1640—1715)，字留仙，号柳泉居士，清代文学家。

② 明季：明朝末年。

③ 署幕：即衙内县令住室。

④ 牝（pìn）：雌性禽兽。

⑤ 缓蹇（jiǎn）：迟缓艰难的样子。

阅读点拨

　　日有所思，夜有所梦，沂令梦见柳秀才为他指点迷津，是因为他为蝗虫所忧，为百姓所急，希望能够凭借神力快速消除蝗虫之灾。"是宰官忧民所感"是全文的点睛之笔。作者用洗练的笔墨，平实的语言，把一个平淡无奇的故事，写得奇中有曲，曲中有奇，一个清正廉洁、为民着想的官吏形象跃然纸上。社会腐朽，官吏腐败，人不如妖有情，人不如鬼磊落，这是《聊斋志异》的主旋律。

武松醉打蒋门神（节选）①

[明]施耐庵

　　武松抢过林子背后，见一个金刚来大汉，披着一领白布衫，撒开一把交椅，拿着蝇拂子，坐在绿槐树下乘凉。武松看那人时，生得如何，但见：形容丑恶，相貌粗疏。一身紫肉横铺，几道青筋暴起。黄髯斜卷，唇边几阵风生；怪眼圆睁，眉下一双星闪。真是神荼郁垒象，却非立地顶天人。

　　这武松假醉佯颠，斜着眼看了一看，心中自忖道："这个大汉，一定是蒋门神了。"直抢过去。又行不到三五十步，早见丁字路口一个大酒店，檐前立着望竿，上面挂着一个酒望子，写着四个大字道："河阳风月"。转过来看时，门前一带绿油栏杆，插着两把销金旗，每把上五个金字，写道："醉里乾坤大，壶中日月长。"一壁厢肉案、砧头、操刀的家生，一壁厢蒸作馒头烧柴的厨灶。去里面一字儿摆着三只大酒缸，半截埋在地里，缸里面各有大半缸酒。正中间装列着柜身子，里面坐着一个年纪小的妇人，正是蒋门神初来孟州新娶的妾，原是西瓦子里唱说诸般宫调的顶老②。那妇人生得如何？

　　眉横翠岫，眼露秋波。樱桃口浅晕微红，春笋手轻舒嫩玉。冠儿小明铺鱼鲵,掩映乌云;衫袖窄巧染榴花,薄笼瑞雪。金钗插凤,宝钏围龙。尽教崔护去寻浆,疑是文君重卖酒。武松看了,睽着醉眼,径奔入酒店里来,便去柜身相对一副座头上坐了。把双手按着桌子上,不转眼看那妇人。那妇人瞧见,回转头看了别处。

武松看那店里时,也有五七个当撑的酒保。武松却敲着桌子叫道:"卖酒的主人家在哪里?"一个当头的酒保过来,看着武松道:"客人要打多少酒?"武松道:"打两角酒。先把些来尝看。"那酒保去柜上叫那妇人舀两角酒下来,倾放桶里,烫一碗过来道:"客人尝酒。"武松拿起来闻一闻,摇着头道:"不好,不好,换将来!"酒保见他醉了,将来柜上道:"娘子,胡乱换些与他。"那妇人接来,倾了那酒,又舀些上等酒下来。酒保将去,又烫一碗过来。武松提起来呷了一口,叫道:"这酒也不好,快换来,便饶你!"

酒保忍气吞声,拿了酒去柜边道:"娘子,胡乱再换些好的与他,休和他一般见识。这客人醉了,只要寻闹相似,便换些上好的与他罢。"那妇人又舀了一等上色的好酒来与酒保,酒保把桶儿放在面前,又烫一碗过来。武松吃了道:"这酒略有些意思。"问道:"过卖③,你那主人家姓什么?"酒保答道:"姓蒋。"武松道:"却如何不姓李?"那妇人听了道:"这厮哪里吃醉了,来这里讨野火④么!"酒保道:"眼见得是个外乡蛮子,不省得了,休听他放屁!"武松问道:"你说什么?"酒保道:"我们自说话,客人,你休管,自吃酒。"

武松道:"过卖,叫你柜上那妇人下来,相伴我吃酒。"酒保喝道："休胡说！这是主人家娘子。"武松道："便是主人家娘子，待怎地？相伴我吃酒也不打紧！"那妇人大怒，便骂道："杀才！该死的贼！"推开柜身子，却待奔出来。

武松早把土色布衫脱下，上半截揣在怀里，便把那桶酒只一泼，泼在地上，抢入柜身子里，却好接着那妇人。武松手硬，哪里挣扎得？被武松一手接住腰胯，一手把冠儿捏做粉碎，揪住云髻，隔柜身子提将出来，望浑酒缸里只一丢。听得"扑通"的一声响，可怜这妇人，正被直丢在大酒缸里。武松托地从柜身前踏将出来。有几个当撑的酒保，手脚活些个的，都抢来奔武松。武松手到，轻轻地只一提，提一个过来，两手揪住，也望大酒缸里只一丢，桩在里面；又一个酒保奔来，提着头只一掠，也丢在酒缸里；再有两个来的酒保，一拳一脚，却被武松打倒了。先头三个人，在三只酒缸里，哪里挣扎得起？后面两个人，在地下爬不动。这几个火家捣子⑤，打得屁滚尿流，乖的走了一个。武松道："那厮必然去报蒋门神来，我就接将去，大路上打倒他好看，教众人笑一笑。"武松大踏步赶将出来。

那个捣子径奔去报了蒋门神。蒋门神见说，吃了一惊，踢翻了交椅，丢去蝇拂子，便钻将来。武松却好迎着，正在大阔路上撞见。蒋门神虽然长大，近因酒色所迷，淘虚了身子，先自吃了那一惊。奔将来，那步不曾停住，怎地及得武松虎一般似健的人，又有心来算他？蒋门神见了武松，心里先欺他醉，只顾赶将入来。说时迟，那时快，武松先把两个拳头去蒋门神脸上虚影一影，忽地转身便走。蒋门神大怒，抢将来，被武松一飞脚踢起，踢中蒋门神小腹上，双手按了，便蹲下去。武松一踅，踅将过来，那只右脚早踢起，直飞在蒋门神额角上，踢着正中，往后便倒。武松追入一步，踏住胸脯，提起这醋钵儿大小拳头，往蒋门神脸上便打。原来说过的打蒋门神扑手，先把拳头虚影一影，便转身，却先飞起左脚，踢中了，便转过身来，再飞起右脚。这一扑，有名唤做玉环步，鸳鸯脚。这是武松平生的真才实学，非同小可。打的蒋门神在地下叫饶。武松喝道："若要我饶你性命，只要依我三件事。"蒋门神在地下叫道："好汉饶我！休说三件，便是三百件，我也依得！"武松指定蒋门神，说出那三件事来。蒋门神便道："好汉但说，蒋忠都依。"武松道："第一件，要你便离了快活林，将一应家火什物，随即交还原主金眼彪施恩。谁教你强夺他的？"蒋门神慌忙应道："依得，依得。"武松道："第二件，我如今饶了你起来，你便去央请快活林为头为脑的英雄豪杰，都来与施恩陪话。"蒋门神道："小人也依得。"武松道："第三件，你从今日交割还了，便要你离了这快活林，连夜回乡去，不许你在孟州住！在这里不回去时，我见一遍，打你一遍，我见十遍，打十遍；轻则打你半死，重则结果了你命。你依得么？"蒋门神听了，要挣扎性命，连声应道："依得，依得，蒋忠都依。"武松就地下提起蒋门神来，看时，打得脸青嘴肿，脖子歪在半边，额角头流出鲜血来。

【注解】

① 选自《水浒传》第二十八回，人民文学出版社 2004 年版，有改动。

《水浒传》是中国历史上第一部以白话文写成的长篇章回小说。施耐庵(1296—1370)，泰州兴化人，元末明初作家。

② 顶老：指妓女、歌妓。

③ 过卖：旧时民间对酒馆、饭馆服务人员的称呼。亦称"跑堂""堂倌"。

④ 讨野火：找外快，捡便宜。

⑤ 捣子：鄙称，流氓、光棍之类。

阅读点拨

　　"武松醉打蒋门神"是《水浒传》中经典情节之一，作者通过精心布局和精彩勾画，把一个嫉恶如仇、智勇双全的英雄形象栩栩如生地呈现在读者面前。"醉"是神来之笔，既写武松当时的精神状态，更是武松才智的彰显：蒋门神毕竟是习武之人，"醉汉"可以迷惑蒋门神；三次使用"激将法"亦是"醉"的表现，可以引得更多人的关注，羞辱蒋门神，为下文"打"蓄势；"醉"是表现，"打"才是关键。武松"三脚"打翻蒋门神的场面更是绝妙，干净利落的动词，形象逼真的比喻，打得迅雷不及掩耳，打得酣畅淋漓，惊心动魄。

刘姥姥逗乐秋爽斋^①

[清]曹雪芹

  远远望见池中一群人在那里撑舡^②。贾母道："他们既预备下船，咱们就坐一回。"说着，向紫菱洲蓼溆(liǎo xù)一带走来。未至池前，只见几个婆子手里都捧着一色撷丝戗(qiāng)金五彩大盒子走来，凤姐忙问王夫人早饭在哪里摆。王夫人道："问老太太在哪里，就在哪里罢了。"贾母听说，便回头说："你三妹妹那里就好。你就带了人摆去，我们从这里坐了舡去。"凤姐听说，便回身同了探春、李纨、鸳鸯、琥珀带着端饭的人等，抄着近路到了秋爽斋，就在晓翠堂上调开桌案。鸳鸯笑道："天天咱们说外头老爷们吃酒吃饭都有一个篾片^③相公，拿他取笑儿。咱们今儿也得了一个女篾片了。"李纨是个厚道人，听了不解。凤姐儿却知说的是刘姥姥了，也笑说道："咱们今儿就拿她取个笑儿。"二人便如此这般的商议。李纨笑劝道："你们一点好事也不做，又不是个小孩儿，还这么淘气，仔细老太太说。"鸳鸯笑道："很不与你相干，有我呢。"

  正说着，只见贾母等来了，各自随便坐下。先着丫鬟端过两盘茶来，大家吃毕。凤姐手里拿着西洋布手巾，裹着一把乌木三镶银箸，戗敥^④人位，按席摆下。贾母因说："把那一张小楠木桌子抬过来，让刘亲家近我这边坐着。"众人听说，忙抬了过来。凤姐一面递眼色与鸳鸯，鸳鸯便拉了刘姥姥出去，悄悄地嘱咐了刘姥姥一席话，又说："这是我们家的规矩，若错了我们就笑话呢。"调停已毕，然后归座。薛姨妈是吃过饭来的，不吃，只坐在一边吃茶。贾母带着宝玉、湘云、黛玉、宝钗一桌，王夫人带着迎春姊妹三个人一桌，刘姥姥傍着贾母一桌。贾母素日吃饭，皆有小丫鬟在旁边，拿着漱盂麈(zhǔ)尾巾帕之物。如今鸳鸯是不当这差的了，今日鸳鸯偏接过麈尾来拂着。丫鬟们知道她要撮弄刘姥姥，便躲开让她。鸳鸯一面侍立，一面悄向刘姥姥说道："别忘了。"刘姥姥道："姑娘放心。"那刘姥姥入了座，拿起箸来，沉甸甸的不伏手。原是凤姐和鸳鸯商议定了，单拿一双老年四楞象牙镶金的筷子与刘姥姥。刘姥姥见了，说道："这叉爬子比俺那里铁锨还沉，哪里犟得过它。"说的众人都笑起来。

　　只见一个媳妇端了一个盒子站在当地，一个丫鬟上来揭去盒盖，里面盛着两碗菜。李纨端了一碗放在贾母桌上。凤姐儿偏拣了一碗鸽子蛋放在刘姥姥桌上。贾母这边说声"请"，刘姥姥便站起身来，高声说道："老刘，老刘，食量大似牛，吃一个老母猪不抬头。"自己却鼓着腮不语。众人先是发怔，后来一听，上上下下都哈哈地大笑起来。史湘云撑不住，一口饭都喷了出来，林黛玉笑岔了气，伏着桌子嗳哟，宝玉早滚到贾母怀里，贾母笑得搂着宝玉叫"心肝"，王夫人笑得用手指着凤姐儿，只说不出话来，薛姨妈也撑不住,口里茶喷了探春一裙子,探春手里的饭碗都合在迎春身上,惜春离了座位,拉着她奶母叫揉一揉肠子。地下的无一个不弯腰屈背,也有躲出去蹲着笑去的,也有忍着笑上来替她姊妹换衣裳的,独有凤姐鸳鸯二人撑着,还只管让刘姥姥。刘姥姥拿起箸来,只觉不听使,又说道:"这里的鸡儿也俊,下的这蛋也小巧,怪俊的。我且俗攘⑤一个。"众人方住了笑,听见这话又笑起来。贾母笑的眼泪出来,琥珀在后捶着。贾母笑道:"这定是凤丫头促狭鬼儿闹的,快别信她的话了。"那刘姥姥正夸鸡蛋小巧,要俗攘一个,凤姐儿笑道:"一两银子一个呢,你快尝尝罢,那冷了就不好吃了。"刘姥姥便伸箸子要夹,哪里夹得起来,满碗里闹了一阵,好容易撮起一个来,才伸着脖子要吃,偏又滑下来滚在地下,忙放下箸子要亲自去捡,早有地下的人捡了出去了。刘姥姥叹道:"一两银子,也没听见响声儿就没了。"众人已没心吃饭,都看着她笑。贾母又说:"这会子又把那个筷子拿了出来,又不请客摆大筵席。都是凤丫头支使的,还不换了呢。"地下的人原不曾预备这牙箸,本是凤姐和鸳鸯拿了来的,听如此说,忙收了过去,也照样换上一双乌木镶银的。刘姥姥道:"去了金的,又是银的,到底不及俺们那个伏手。"凤姐儿道:"菜里若有毒,这银子下去了就试得出来。"刘姥姥道:"这个菜里若有毒,俺们那菜都成了砒霜了。哪怕毒死了也要吃尽了。"贾母见她如此有趣,吃得又香甜,把自己的也端过来与她吃。又命一个老嬷嬷来,将各样的菜给板儿夹在碗上。

【注解】

① 选自《红楼梦》第四十回，人民文学出版社 1992 年版，有改动，题目为编者所加。曹雪芹（约 1715—1763），名霑，字梦阮，清代著名文学家。

② 撑舡（chuán）：划船。

③ 篾（miè）片：旧时称在豪富人家帮闲凑趣儿的人。

④ 战毵（diān duó）：忖度。

⑤ 㪰攮：方言，粗话。意为吃饭，但姿态不雅。

阅读
点拨

　　选文写的是鸳鸯和王熙凤设计取笑刘姥姥，以博得贾母欢心的情节。一个比贾母年纪还大的人，没有得到应有的尊重，反而成了取乐的笑料，真是一把辛酸泪！刘姥姥淳朴厚实，她应和了鸳鸯的心理，或许是出于感恩，毕竟她得到过贾家的帮助。面对贾家生活的豪奢，她没有羡慕，而是屡次感叹贾家的奢侈浪费。阅读时，可重点揣摩描写刘姥姥神态和语言的句子，明白作者塑造刘姥姥这样一个朴素实在的老农妇形象，目的是通过鲜明的对照，突出社会的不公平和人情的炎凉，透过刘姥姥的眼睛映射出贾府"朱门酒肉臭"的景象，从而对贾府的腐败提出沉重的谴责。

官场现形记（节选）①

[清]李宝嘉

　　单太爷听了，想了一回，说道："堂翁现在意下如何？"周老爷道："这种人不到黄河心不死。现在横竖我们总不落好，索性给他一个一不做，二不休。你看如何？"单太爷道："任凭他们去上控？"周老爷道："犹不止此。"单太爷诧异道："还要怎样？"周老爷愣了半天，方说道："论理呢，我们原不应该下此毒手，但是他这人横竖②拿着好人当坏人的，出了好心没有好报，我也犯不着替他了事。依我的意思，单叫人去上控③还是便宜他，最好弄个人从里头参出来，给他一个迅雷不及掩耳。要赚大家赚，要漂大家漂，何苦单单便宜他一个。我上回恍惚听你老哥说起，张昌言张御史同魏竹冈是表兄弟，可有这个话？"单太爷道："他俩不错是表兄弟。但是他如今通信不通信，须得问问魏竹冈方晓得。"周老爷道："我想托你去找找他，通个信到京里干他一下子，你看怎样？"单太爷道："只要他肯写信，那是没有不成功的。但是一件，事情越闹越大，将来怎么收功？于他固然有损，于我们亦何尝有益呢？"周老爷道："我不为别的，我定要出这一口气，就是张都老爷那里稍须要点缀点缀，这个钱我也肯拿。"

　　单太爷一听他肯拿钱，便也心中一动，辞别起身，去找魏竹冈。

两人见面之下，魏竹冈晓得事情不成功，这一气也非同小可，大骂胡统领不止，立刻要亲自进省去上控，不怕弄他不倒。单太爷道："现在县里有了凭据，所以他们有恃无恐。他是省里委下来的，抚台一定帮好了他。官司打不赢，徒然讨场没趣。"魏竹冈道："省控不准就京控。"单太爷道："你有闲工夫同他去打，这笔打官司的钱哪里来呢？"魏竹冈一听这话有理，半天不语。单太爷道："你令亲在京里，不好托托他想个法子吗？"魏竹冈道："再不要提起我们那位舍表弟。他自从补了御史，时常写信来托我替他拉买卖。我这趟在屯溪替他拉到一注，人家送了五百两。我不想赚他的，同他好商量，在里头挪出二百我用，谁知他来信一定不肯，说年底下空子多，好歹叫我汇给他。还说明：'将来你表兄有什么事情，小弟无不竭力帮忙，应该要一百的，打个对折就够了。'老父台，你想想看，我老表兄的事情，他不肯说不要钱，只肯打个对折，你说他这要钱的心可多狠！"单太爷道："不管他心狠不心狠，'千里为官只为财'，这个钱也是他们做都老爷的人应该要的。不然，他们在京里，难道叫他喝西北风不成？"魏竹冈道："闲话少说，现在我就写信去托。但是一件，空口说白话，恐怕不着力，前途要有点说法方好。"单太爷道："看上去不至于落空。至于一定要若干，我却不敢包场。"魏竹冈道："到底肯出若干买他这个折子？"单太爷道："现在已到年下了，送点小意思，总算个炭敬罢了。"魏竹冈道："炭敬亦有多少：一万、八万也是，三十、二十亦是。到底若干，说明白了我好去托他。

你不知道他们这些都老爷卖折参人,同大老官们写信,都与做买卖一样,一两银子,就还你一两银子的货;十两银子,就还你十两银子的货,却最为公气,一点不肯骗人的。所以叫人家相信,肯拿银子送给他用。我看这件事情总算兄弟家乡的事情,于兄弟也有关系,你也一定有人托你。你就同前途说,叫他拿五百两银子,我替他包办。"单太爷道:"五百太多罢?"魏竹冈道:"论起这件事来,五千也不为多。现在一来是你老哥来托我,二来舍表弟那里我也好措辞。总而言之:这件事参出去,胡统领一面多少总可以生法,还可以'树上开花'。不过借我们这点当作药钱,好处在后头,所以不必叫他多要。你如今连个'名世之数④'都不肯出,真正大才小用了。"单太爷道:"这钱也不是我出,等我同前途商量好了再来复你。"魏竹冈道:"要写信,早给兄弟一个回头。"单太爷道:"这个自然。"说完别去。

当晚出城,找到周老爷说:"姓魏的答应写信,言明一千银子包办。"周老爷听了嫌多。当下同单太爷再三斟酌,只出六百银子。单太爷无奈,只得拿了三百银子去托魏竹冈说:"前途实在拿不出。大小是件生意,你就贱卖一次,以后补你的情便了。"魏竹冈起先还不答应,禁不住单太爷涎脸⑤相求,魏竹冈只得应允。等到单太爷去后,写了一封信,只封得五十银子给他表弟,托他奏参出去。

【注解】

① 选自《官场现形记》第十七回,人民文学出版社 2006 年版,有删节。李宝嘉(1867—1906),字伯元,号南亭亭长,江苏武进人,

是晚清著名的谴责小说家。

② 横竖：犹反正。表示肯定。

③ 上控：上诉。

④ 名世之数：五百的代称，语出《孟子》："五百年必有王者兴，其间必有名世者。"

⑤ 涎脸：厚着脸皮。

阅读点拨

本文通过人物对话来推动情节的发展，周老爷为出一口气，托单太爷找魏竹冈联通京城的人；单太爷找魏竹冈商量，魏要托者出五百两银子才肯替他办事；单太爷回去找周老爷出一千两，周老爷只肯出六百两；单太爷拿三百银子找魏竹冈涎脸相求，魏竹冈只得应允，却只封五十两银子给表弟托他奏参。透过人物语言，读者可看到旧官场腐败丑恶的情形。钱可买通别人，为了钱也可讨价还价。每次转手，各人总会私吞银两，极尽逢迎钻营、蒙混倾轧之能事。各类人物的表演，淋漓尽致地展现了官场的罪恶——对金钱的贪欲。含而不露、轻描淡写却入木三分的讽刺，加之诙谐的语言，读来觉得酣畅淋漓。

我思我行

【理解感悟】

❀ 刘姥姥在秋爽斋逗得众人"笑"翻了天，可曹雪芹说自己的文章是"满纸荒唐言，一把辛酸泪"。"笑"与"泪"矛盾吗？ 说说你的看法。

【实践拓展】

❀ 当今社会，也有"石崇""王恺"，他们开豪车，穿名牌，背名包……请你从中华民族传统美德的角度，写几句话劝劝他们。

❀ 《官场现形记》淋漓尽致地展现了官场的罪恶，官场与腐败如影随形，屡禁不绝。 如今国家高调反腐，好的影视剧如《人民的名义》《国家公诉》《法不容情》等让人津津乐道。 你看过哪些反腐作品，能分享你的观后感吗？

【阅读延伸】

❀ 《水浒传》(施耐庵 著)

　　108 名大将，个个性格鲜明、跃然纸上，这就是《水浒传》的奇特辉煌之处，读一读，好好享受精神大餐吧。

❀ 刘姥姥虽是一村妇，但是在大观园却是一个受欢迎的人物。选读《红楼梦》中刘姥姥进大观园的章节，分析刘姥姥的性格特点以及作者塑造这个人物的作用。

传统文化知多少

中国古代文人书斋对联荟萃

1. 南宋进士楼大防的书斋联为：门前莫约频来客；座上同观未见书。

2. 南宋爱国诗人陆游的书斋联为：万卷古今消永日；一窗昏晓送流年。

3. 明朝末年崇祯进士金声的书斋联为：穷已彻骨，尚有一分生涯，饿死不如读死；学未惬心，正须百般磨炼，文通即是运通。

4. 清朝乾隆进士彭元瑞的书斋联为：何物动人，二月杏花八月桂；有谁催我，三更灯火五更鸡。

5. "扬州八怪"之一的郑板桥自题书斋联为：咬住几句有用书可以充饥；养成数竿新生竹直似儿孙。

6. 清代邓石如题的碧山书屋联为：沧海日，赤城霞，峨眉雪，巫峡云，洞庭月，彭蠡烟，潇湘雨，武夷峰，庐山瀑布，合宇宙奇观，绘吾斋壁；少陵诗，摩诘画，左传文，马迁史，薛涛笺，右军帖，南华经，相如赋，屈子离骚，收古今绝艺，置我山窗。

第四单元

诗苑词坛

　　在中国文学史上，诗词占据着重要地位。从"硕鼠硕鼠，无食我黍"到"长太息以掩涕兮，哀民生之多艰"；从"对酒当歌，人生几何"到"长风破浪会有时，直挂云帆济沧海"；楚之骚，汉之赋，唐之诗，宋之词，元之曲……历代诗词歌谣，咏叹出中国传统文化的辉煌成就。

　　"腹有诗书气自华"，让我们漫步诗苑词坛，用心诵读这些脍炙人口的经典诗词，读出抑扬顿挫的韵律，读懂作者真挚的情感，识记名篇名句，提升文化素养。

别　诗①

[东汉]应　玚

浩浩长河水，九折东北流。

晨夜赴沧海，海流亦何抽②。

远适万里道，归来未有由。

临河累太息，五内③怀伤忧。

【注解】

① 选自《一生最爱古诗词》，中国华侨出版社 2011 年版。应玚
（177—217），字德琏，东汉南顿（今河南项城）人，东汉末文学
家，建安七子之一。

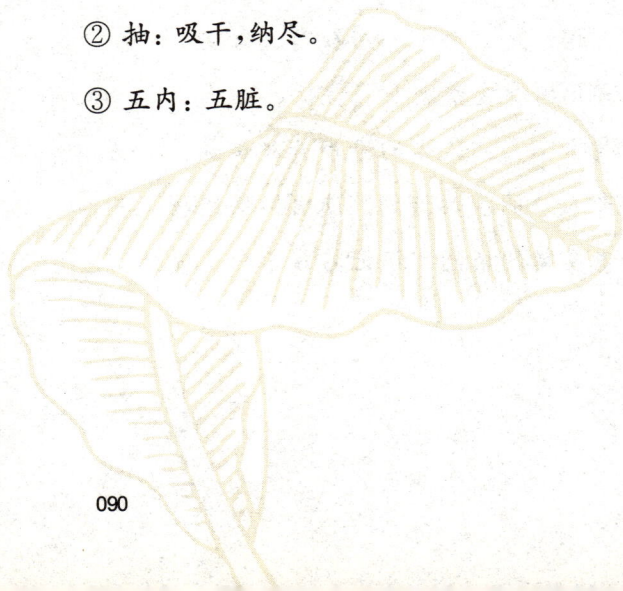

② 抽：吸干，纳尽。

③ 五内：五脏。

　　这首诗写得非常壮美。前四句写长河的流水浩浩荡荡，最终走向沧海。诗人以长河沧海起兴，抒写自己奔波的无限感慨，折射出诗人内心极度的不安。后四句写诗人远行万里，不知归期，只能临河长叹，心中充满无限悲伤。后四句语言浅白，画面清晰，直抒胸臆，再现悲悯。阅读全诗，让人深深感受到诗人对时局的忧虑和对苍生的担忧。

赠从弟（其三）①

[东汉]刘 桢

凤凰集南岳，徘徊孤竹根。
于心有不厌，奋翅凌紫氛②。
岂不常勤苦，羞与黄雀群。
何时当来仪③，将须圣明君。

【注解】

① 《先秦汉魏晋南北朝诗·魏诗》，中华书局1983年版。刘桢
（186—217），字公干，东汉末年东平人，东汉著名文学家，建安
七子之一。

② 凌紫氛：凌驾于高空之上。

③ 来仪：比喻杰出人物的降临。

阅读点拨

　　这首诗歌咏的是"凤凰"，它不满足于"竹实"之食，而要展翼飞翔，赞美了它的高远之志，这也正是诗人自身高洁、胸怀远大抱负的写照。从弟无意于仕进，诗人以"凤凰"为喻，赞美他不与世俗同流之志，既是对从弟的激励，也是对自己的慰勉。

归园田居(其一)^①

〔东晋〕陶渊明

少无适俗韵,性本爱丘山。

误落尘网^②中,一去三十年。

羁鸟恋旧林,池鱼思故渊。

开荒南野际,守拙^③归园田。

方宅十余亩,草屋八九间。

榆柳荫^④后檐,桃李罗堂前。

暖暖远人村,依依墟里烟。

狗吠深巷中,鸡鸣桑树颠。

户庭无尘杂^⑤,虚室有余闲。

久在樊笼里,复得返自然。

【注解】

① 选自《陶渊明集》,中华书局 1979 年版。陶渊明(约 365—427),
字元亮,又名潜,东晋伟大的诗人、辞赋家。他是中国第一位田
园诗人,被称为"古今隐逸诗人之宗"。

② 尘网:指尘世,官府生活污浊而又拘束,犹如网罗。这里指
仕途。

③ 守拙（zhuō）：意思是不随波逐流，固守节操。

④ 荫（yìn）：荫蔽。

⑤ 尘杂：尘俗杂事。

阅读点拨

　　这首诗叙述了诗人"误落尘网""久在樊笼"的压抑与痛苦，和终"归园田"、复"返自然"的惬意与欢欣，真切表达了诗人对污浊官场的厌恶和对山林隐居生活的无限向往。"尘网""樊笼"与"园田居"的巧妙对比，及清新质朴的语言表达，使诗作主旨鲜明，情趣和理趣并存。

夏日南亭怀辛大①

〔唐〕孟浩然

山光忽西落,池月渐东上。
散发②乘夕凉,开轩卧闲敞③。
荷风送香气,竹露滴清响。
欲取鸣琴弹,恨④无知音赏。
感此怀故人,中宵劳⑤梦想。

【注解】

① 选自《全唐诗》,上海古籍出版社 1986 年版。孟浩然(689—740),唐代著名的山水田园派诗人。

② 散发:古代男子平时束发戴帽,这里以散发表现作者放浪不羁的惬意。

③ 卧闲敞:躺在幽静宽敞的地方。

④ 恨:遗憾。

⑤ 劳:苦于。

阅读
点拨

　　诗人从嗅觉、听觉两方面写夏夜水亭纳凉的清爽闲适的快感，荷花的香气清淡细微，竹露滴在池面的声音清脆悦耳；细香可嗅，滴水可闻，各种感觉细致入微，诗味盎然。文字如行云流水，层递自然，由境及意浑然一体，极富韵味。

酌酒与裴迪①

[唐] 王　维

酌酒与君君自宽②，

人情翻覆似波澜。

白首相知犹按剑，

朱门先达笑弹冠③。

草色全经细雨湿，

花枝欲动春风寒。

世事浮云何足问④，

不如高卧且加餐⑤。

【注解】

① 选自《唐诗三百首》，上海古籍出版社 2005 年版。裴迪：唐代诗人，王维的好友。王维（701—761），唐朝诗人，有"诗佛"之称。

② 自宽：自我宽慰。

③ 弹冠：弹去帽子上的灰尘，准备做官。

④ 何足问：不值得一顾。

⑤ 加餐：慰劝之辞。谓多进饮食，保重身体。

阅读点拨

　　这首诗用愤慨之语写出了对友人的劝慰，也表明了诗人的心境。一、二句诗是"宽"友，也是宽"己"，人情似波澜，反复无常，道出了诗人对人情世故的漠然态度。三、四句诗是实写，"相知犹按剑""先达笑弹冠"，可见世态之炎凉。五、六两句化实为虚，与三、四句的"势利""凉薄"形成对照，通过景物描写出天地无私、万物亲仁的一片新境界，烘托诗人的心情，自然引出最后两句：世事如浮云，不必再执着于功名，表现诗人看淡仕途，一心向佛的情感。全诗构思缜密，布局精妙，情感真挚，令人玩味。

　　此诗为王维晚年所作，诗人心中愤懑，无法排遣，需与挚友一起借酒浇愁。诗的前半部分用愤慨之语对友人进行劝解，道尽世间不平，表现了诗人欲施展才能而未能的激愤之情；后半部分却又展示天地无私的新境界，对人生绝望又故作豁达，表现了诗人的矛盾心态。

陇 西 行①

[唐]陈 陶

誓扫匈奴不顾身,
五千貂锦②丧胡尘。
可怜无定河③边骨,
犹是深闺④梦里人。

【注解】

① 选自《全唐诗》,中华书局 1999 年版。陈陶(约 812—885),字嵩
伯,号三教布衣。早年游学长安,善天文历象,尤工诗。举进士
不第,遂恣游名山。唐宣宗大中时隐居洪州西山,后不知所终。

② 貂锦:这里指战士。

③ 无定河:在陕西北部。

④ 深闺:这里指战死者的妻子。

阅读
点拨

　　这是一首写边塞战争的诗，前两句展现了慷慨悲壮的激战场面，表现了唐军将士忠勇敢战的气概和献身精神，"五千"写出战斗之激烈和伤亡之惨重。后两句把"河边骨"和"春闺梦"联系起来，写闺中妻子不知征人战死，仍然在梦中想见已成白骨的丈夫。前后比照，虚实相对，使全诗产生震撼心灵的悲剧力量。诗反映了长期的边塞战争给人民带来的痛苦和灾难，表现了诗人对战死者及其家人的无限同情。诗情凄楚，吟来令人潸然泪下。朗读时要将写现实和写梦境的语句结合起来，反复咀嚼回味，揣摩其艺术效果。

无 家 别①

［唐］杜 甫

寂寞天宝②后，园庐但蒿藜③。

我里百余家，世乱各东西。

存者无消息，死者为尘泥。

贱子④因阵败，归来寻旧蹊。

久行见空巷，日瘦⑤气惨凄。

但对狐与狸，竖毛怒我啼。

四邻何所有？一二老寡妻。

宿鸟恋本枝，安辞且穷栖。

方春独荷锄，日暮还灌畦。

县吏知我至，召令习鼓鞞⑥。

虽从本州役，内顾无所携⑦。

近行止一身，远去终转迷。

家乡既荡尽，远近理亦齐。

永痛长病母，五年委沟溪。

生我不得力，终身两酸嘶⑧。

人生无家别，何以为蒸黎⑨！

【注解】

① 选自《唐诗三百首》,上海古籍出版社 2005 年版。杜甫(712—770),字子美,自称少陵野老,是唐代最伟大的现实主义诗人,被尊为"诗圣",其诗显示了唐代由盛转衰的历史过程,因此被称为"诗史"。

② 天宝:唐玄宗的年号,"天宝后"指安史之乱以后。

③ 蒿藜(hāo lí):野草。

④ 贱子:无家者的自谓。

⑤ 日瘦:日光淡薄。

⑥ 鞞(pí):通"鼙",鼓名。

⑦ 无所携:家里没有可以告别的人。

⑧ 两酸嘶:是说母子两个人都饮恨。酸嘶,失声痛哭。

⑨ 蒸黎:指劳动人民。蒸,众;黎,黑。

阅读
点拨

　　几年前被官府抓去当兵的"我"死里逃生，好不容易回到故乡，却不能骨肉团聚，看见的是一片"蒿藜"，走进的是一条"空巷"，遇到的是竖毛怒叫的狐狸，真是满目凄凉，百感交集！就连日头看上去也消瘦了许多。文章情景交融，人物塑造与环境描写相结合，用简练的文字塑造出一个有血有肉的人物形象，反映出当时战区人民的共同遭遇，同时对统治者的残暴、腐朽进行了有力的鞭挞，作者对战争的厌恶和对劳动人民的同情渗透于字里行间。

清平乐 · 雨晴烟晚①

[南唐]冯延巳

雨晴烟晚，绿水新池满。双燕飞来垂柳院，小阁画帘高卷。

黄昏独倚朱阑②，西南新月眉弯。砌③下落花风起，罗衣特地④春寒。

【注解】

① 选自《全唐五代词》，中华书局 1999 年版。冯延巳（903—960），又名延嗣，字正中，五代广陵人。在南唐做过宰相，生活过得很优裕、舒适。他的词多写闲情逸致，文人气息很浓，对北宋初期的词人有比较大的影响。其词集名《阳春集》。

② 朱阑：一作"朱栏"，红色的栏杆。

③ 砌：台阶。

④ 特地：特别。

阅读点拨

　　这是一首抒写闺情的词作，写的是少妇在暮春时节的黄昏，思念亲人并等待他归来的情景。前两句写寻常春景，春意盎然。三、四句写她看到暮色中归来的双燕在庭院中翻飞盘旋，心弦被触动，既有对成双晚归的燕子的羡慕，也有只见归燕而不见归人的怨恨，即以双燕衬托女子的孤独感。下片写少妇倚阑盼归人而望月，来到阶砌再伫立等待，心绪不宁，风卷落花才感到春寒袭人。"寒"既是天寒，更指心寒。诗句写雨后春景由远及近，春景又与孤独心情形成对比，寄托了"阁中人"寂寞、孤独、哀怨与怅恨之情。

南乡子·自古帝王州①

[宋]王安石

　　自古帝王州②，郁郁葱葱佳气浮。四百年来成一梦，堪愁。晋代衣冠成古丘③。

　　绕水恣行游④，上尽层楼更上楼。往事悠悠君莫问，回头。槛⑤外长江空自流。

【注解】

① 选自《白话宋词精华》，哈尔滨出版社 1992 年版。王安石（1021—1086），字介甫，号半山，临川（今江西抚州临川）人，北宋著名思想家、政治家、文学家、改革家。

② 帝王州：指金陵（今江苏南京）。

③ 古丘：坟墓。

④ 恣行游：尽情地绕着江边闲行游赏。恣，任意地、自由自在地。

⑤ 槛（jiàn）：栏杆。

**阅读
点拨**

　　这首词上片怀古，写昔日的繁华，作者将自己的理想寄托在过去的时代里，借此表达自己对现实的不满和昔盛今衰的怅然之情；下片登楼抒怀，写纵情于山水，却又不禁想起自己的悠悠往事，最后一句更增添了他的人生无常之感。这首词作者借怀古咏史，抒发了退隐后的孤寂和忧国忧民、悲愤沉痛之感，透露出一种苍凉悲壮之情。

定风波·莫听穿林打叶声①

[宋]苏　轼

　　三月七日,沙湖道中遇雨。雨具先去,同行皆狼狈,余独不觉,已而遂晴,故作此词。

　　莫听穿林打叶声,何妨吟啸②且徐行。竹杖芒鞋轻胜马,谁怕?一蓑烟雨任平生。

　　料峭③春风吹酒醒,微冷,山头斜照却相迎。回首向来萧瑟④处,归去,也无风雨也无晴。

【注解】

① 选自《乐章集》,上海古籍出版社 2013 年版。苏轼(1037—1101),宋代文学家。字子瞻,号东坡居士,豪放派词人,唐宋八大家之一。

② 吟啸:放声吟咏。

③ 料峭:微寒的样子。

④ 萧瑟:风雨吹打树叶声。

阅读
点拨

　　此词为醉归遇雨抒怀之作。词人借雨中潇洒徐行之举动，表现了身处逆境、屡遭挫折而不畏惧、不颓丧的倔强性格和旷达胸怀。词人触景生情，语言诙谐，全词蕴意深刻，理趣兼备。大自然风雨无常，人生旅途遇到风雨冰霜时，只要心胸豁达，勇敢前行，就一定会走过泥沼，迎来晴空艳阳。

临江仙·梦后楼台高锁①

[宋]晏几道

　　梦后楼台高锁,酒醒帘幕低垂。去年春恨却来②时。落花人独立,微雨燕双飞。

　　记得小蘋初见,两重心字罗衣。琵琶弦上说相思。当时明月在,曾照彩云③归。

【注解】

① 选自《小山词》,上海古籍出版社1988年版。晏几道,字叔原(1038—1110),号小山,宋代著名词人,晏殊第七子。历任颍昌府许田镇监、乾宁军通判、开封府判官等。性孤傲,晚年家境中落。词风哀感缠绵、清壮顿挫。

② 却来:又来,再来。

③ 彩云:比喻美人。

阅读
点拨

　　这首词写作者与歌女小蘋分别后故地重游，引起无限怀念，抒发对歌女的挚爱怀念之情。上片写"春恨"，前两句是互文，用两个不同场合中的感受来重复他思念小蘋的迷惘，抒发寂寞伤感之情。三、四、五句从追忆又回到现实，摹状眼前景象，"落花"示伤春之感，"燕双飞"寓缠绵之情，反衬愁人独立孤寂。下片写"相思"，追忆"初见"及"当时"的情况，摹状小蘋琵琶传情，衬托思念之情，表现词人苦恋之情、孤寂之感。词人通过对过去欢乐生活的追忆，表达人世无常、欢娱难再的淡淡哀愁。全词情景交融，含蓄真挚，深婉沉着，字字关情。

水龙吟·过南剑双溪楼①

[宋]辛弃疾

　　举头西北浮云②,倚天万里须长剑。人言此地,夜深长见,斗牛光焰。我觉山高,潭空水冷,月明星淡。待燃犀下看,凭栏却怕,风雷怒,鱼龙惨③。

　　峡束④苍江对起,过危楼,欲飞还敛。元龙老矣!不妨高卧,冰壶凉簟⑤。千古兴亡,百年悲笑,一时登览。问何人又卸,片帆沙岸,系斜阳缆?

【注解】

① 选自《宋词三百首》,上海古籍出版社 2015 年版。南剑,即南剑州,宋代州名。双溪楼,在南剑州府城东。辛弃疾(1140—1207),字幼安,号稼轩,南宋豪放派词人。

② 西北浮云:西北的天空被浮云遮蔽,这里隐喻中原河山沦陷于金人之手。

③ 惨:狠毒。

④ 束:夹峙。

⑤ 冰壶凉簟:喝冷水,睡凉席,形容隐居自适的生活。

阅读
点拨

　　这是一首登临之作，作者途经南剑州，登览双溪楼，面对沦陷的国土，多么希望有一把宝剑，组成统一、强大的爱国抗金力量驰骋沙场。"倚天万里须长剑"，这是诗人发自内心的呐喊，也是千百万人的共同意愿！可是南宋王朝偏安一隅，一味妥协，诗人壮志难酬，便生发"不妨高卧，冰壶凉簟"之感叹。全词洋溢着强烈的爱国情感，令人惊心动魄。

永遇乐·落日熔金①

[宋]李清照

落日熔金，暮云合璧，人在何处。染柳烟浓，吹梅笛怨②，春意知几许。元宵佳节，融和天气，次第岂无风雨。来相召、香车宝马③，谢他酒朋诗侣。

中州盛日，闺门多暇，记得偏重三五。铺翠冠儿，捻金雪柳，簇带争济楚④。如今憔悴，风鬟霜鬓，怕见夜间出去。不如向、帘儿底下，听人笑语。

【注解】

① 选自《宋词三百首》，上海古籍出版社2015年版。李清照（1084—1155），号易安居士，南宋女词人，婉约词派代表，有"千古第一才女"之称。

② 吹梅笛怨：梅，指乐曲《梅花落》，用笛子吹奏此曲，其声哀怨。

③ 香车宝马：这里指贵族妇女所乘坐的雕镂精致、装饰华美的车驾。

④ 济楚：整齐、漂亮。

阅读
点拨

　　这首词是李清照晚年避难江南时的作品，写她在一次元宵节时的感受。词的上片写元宵佳节寓居异乡的悲凉心情，客观现实的欢快和她主观心情的凄凉形成鲜明对比。词的下片着重用作者南渡前在汴京过元宵佳节的欢乐心情，同当前的凄凉景象做对比，反衬出词人伤感孤凄的心境。阅读时，可通过理解凄婉的情感和质朴自然的语言，品味婉约派的艺术特色。

我思我行

【理解感悟】

对仗要求两句中相对的词语的词性要相同或相近，句子的结构相同或相近。如孟浩然的"荷风送香气，竹露滴清响"。你能从选文中找出几组对仗句，并品品其中的韵味吗？

【实践拓展】

"一去二三里，烟村四五家。亭台六七座，八九十枝花。"这是宋朝邵雍的一首有趣的数字诗，全诗出现十个数字，简单地勾勒出一幅乡村田园风光。请找出一些有趣的数字诗读一读，悟一悟。

"酒"常常是诗人作诗的媒介，陶渊明、李白、苏东坡、辛弃疾等人的诗中处处可见"酒"的存在。你能写出十句左右含"酒"的诗句吗？试试看，也许你就是下次飞花令的令主。

【阅读延伸】

《中国古典诗词名篇诵读》（季羡林　主编）

《中国古典诗词名篇诵读》是著名语言学家季羡林先生多年前为中小学生选编的古诗读本，所选录的诗篇均为青少年必读必背经典作品。此书倾注了季羡林先生的心血，寄寓了他对年轻人的希望——学习古典诗词，弘扬中华文化。此书对作品内容的评析言简义丰，注释与串讲，则释义准确，文字雅洁，且通俗易懂。

传统文化知多少

中国古代诗歌之最早

1. 《诗经》是我国最早的一部诗歌总集。

2. 《孔雀东南飞》是我国最早的一部长篇叙事诗。

3. 《离骚》是我国最早的一篇长篇抒情诗。

4. 《楚辞》是我国第一部浪漫主义诗歌总集，由西汉刘向辑录。

5. 《乐府诗集》是现存收集乐府歌辞最完备的一部诗集。

6. 《诗品》是我国文学批评史上最早的一部论诗的专著。

7. 《六一诗话》是我国最早的一部诗话。

第五单元
诸子慧语

　　春秋战国的热土，诸侯称雄、中原动荡，烽烟四起；春秋战国的天空，诸子论辩、慧语惊人，辉煌千古。诸子思想是中华民族珍贵的文化遗产，为中国文化的发展与繁荣奠定了厚实的根基；又蕴含着深邃的哲理，为后人修身、齐家、治国、平天下树立了不灭的航标。

　　阅读这一单元，在感受诸子百家活跃的思维、丰富的情感、闪光的思想的同时，还要汲取其丰富的精神养料，树立正确的人生观和价值观，为自己灿烂的人生奠基。

兵者，诡道也^①

《孙子兵法》

　　兵者，诡道也。故能而示^②之不能，用而示之不用，近而示之远，远而示之近。利而诱之，乱而取之，实而备之，强而避之，怒而挠之^③，卑^④而骄之，佚^⑤而劳之，亲而离之。攻其无备，出其不意。此兵家之胜，不可先传也。

【注解】

① 选自《孙子兵法》，上海古籍出版社 2006 年版，题目为编者所加。《孙子兵法》是中国现存最早的兵书，也是世界上最早的军事著作。孙武（约公元前 545—公元前 470），春秋时期伟大的军事家。

② 示：看起来。

③ 怒而挠之：气势很盛可以骚扰它。

④ 卑：轻视。

⑤ 佚：隐逸。

【译文】

　　用兵打仗是一种诡诈之术,需要运用各种方法欺骗敌人。因此,能力高强却装作软弱无能,实际上要用兵却装作不准备打仗,想要攻打近处的目标却装作攻打远处,而攻打远处却装作攻打近处。如果敌方贪利,就用利益诱惑他;如果敌方产生混乱,就可以趁乱攻取他;如果对方强大,就要防备他;如果对方暴躁易怒,就可以撩拨他使他发怒而失去理智;如果对方自卑而谨慎,就要使他骄傲自大;如果对方体力充沛,就要使他劳累;如果对方内部亲密团结,就可以挑拨离间。要攻打对方没有防备的地方,在对方没有料到的时机发动进攻。这些都是军事家克敌制胜的诀窍,不可以事先传出去啊!

阅读点拨

　　《孙子兵法》是中国军事文化遗产的璀璨瑰宝,是中国优秀传统文化的重要内容。选文首先提出观点:"兵者,诡道也。"接下来列举了一些"实者虚之,虚者实之"的千变万化之战术,然后得出结论:如此制胜方案,不可事先传出去。全文逻辑缜密严谨,句式整齐规一,行文如流水,说理性强,显示了作者卓越的军事才华。

民有耻心，则何盗之为？①

《列子》

晋国苦盗。有郤雍者，能视盗之貌，察其眉睫之间，而得其情。晋侯使视盗，千百无一遗焉。晋侯大喜，告赵文子曰："吾得一人，而一国盗为尽矣，奚②用多为？"文子曰："吾君恃伺察而得盗，盗不尽矣。且郤雍必不得其死。"俄而群盗谋曰："吾所穷者郤雍也。"遂共盗而残之。晋侯闻而大骇，立召文子而告之曰："果如子言，郤雍死矣！然取盗何方？"文子曰："周谚有言：察见渊鱼者不祥，智料隐匿者有殃。且君欲无盗，莫若举贤而任之，使教明于上，化行于下，民有耻心，则何盗之为③？"于是用随会④知政，而群盗奔秦焉。

【注解】

① 出自《列子·说符》，上海古籍出版社 2014 年版，题目为编者所加。《列子》是列子、列子弟子以及列子后学著作的汇编。列子（公元前 450—公元前 375），即列御寇，是道家学派的杰出代表人物，著名的思想家、文学家。

② 奚：为什么。

③ 何盗之为："为何盗"，为什么做偷盗的事情呢？

④ 随会：人名。

【译文】

晋国苦于小偷太多的现实。有一个叫郄雍的人，能看出小偷的相貌；郄雍观察人的眉目之间，就可以判断他们是否是小偷。晋侯叫郄雍去查看小偷，千百人中，他不会漏看出任何一个。晋侯非常高兴，并告诉赵文子说："只需要这一个人，全国的小偷就都没法存在了，何必用那么多人呢？"赵文子说："您依靠郄雍的观察来抓小偷，非但小偷清除不尽，而且郄雍一定会死于非命。"不久后，一群小偷商量道："我们之所以走投无路，就是有这个郄雍。"于是小偷们一起抓住了郄雍并残杀了他。

晋侯听说此事后大为惊骇，立刻召见文子："果真如你所说的，郄雍死了。那么收拾小偷能用什么方法呢？"文子说："周时有俗话说：'能看到深渊中游鱼的人总有不祥之兆，能预估到隐藏着的东西的人易招灾祸。'您要想没有小偷，最好的办法就是选拔贤能的人并重用他们。统治者开明，百姓就会受感化，百姓都有羞耻之心，这样还有谁会去做小偷呢？"于是晋王任用随会主持政事，所有的小偷都跑到秦国去了。

阅读
点拨

　　如何才能消除国内的小偷？　赵文子告诉晋王，光靠杀人是不能解决问题的，关键是要从思想上教化民众，使之有羞耻之心。　故事启示我们：解决问题不能从表象去处理，要抓住问题的根源，从本质上着手。　文章情节虽然简单，但行文跌宕起伏，叙事一波三折，讲述中蕴含着治国方略，让读者回味无穷。

文 王 之 囿①

《孟子》

齐宣王问曰:"文王之囿,方七十里,有诸②?"孟子对曰:"于传③有之。"曰:"若是其大乎④!"曰:"民犹以为小也。"曰:"寡人之囿,方四十里,民犹以为大,何也?"曰:"文王之囿,方七十里,刍荛者⑤往焉,雉兔者往焉,与民同之。民以为小,不亦宜乎?臣始至于境,问国之大禁,然后敢入。臣闻郊关之内有囿方四十里,杀其麋鹿者如杀人之罪,则是方四十里,为阱于国中。民以为大,不亦宜乎?"

【注解】

① 选自《孟子·梁惠王下》,上海古籍出版社 1987 年版,题目为编者所加。《孟子》为孟子及其弟子所作,记载了孟子及其弟子的政治、教育、哲学、伦理等思想观点和政治活动。孟子(约公元前372—公元前289),名轲,孔子以后战国中期儒家学派的代表人物。

② 有诸:有这事吗? 诸,相当于"之于"。

③ 传(zhuàn):书传,文字记载。

④ 若是其大乎:像这样恐怕太大了吧! 是,如此,这样。其,表推测语气。

⑤ 刍荛(chú ráo)者:割草砍柴的人。

【译文】

　　齐宣王问孟子:"周文王的狩猎场方圆七十里,有这回事吗?"孟子回答说:"史籍上确实有这样的记载。"宣王又问:"像这样的狩猎场恐怕太大了吧!"孟子说:"百姓还认为它小呢。"宣王说:"我的狩猎场方圆只有四十里,百姓还认为它太大了,为什么呢?"孟子说:"文王的狩猎场方圆七十里,割草打柴的人可以去那里,猎取野鸡、野兔的人也可以去那里,整个狩猎场是文王与百姓共同使用的。百姓因此认为它小,不也是很合情理的吗?我刚到齐国边界的时候,打听了齐国的重大禁令后才敢进入。我听说齐国国都郊外,有一个方圆四十里的狩猎场,百姓杀了那里的麋鹿就像犯了杀人罪一样,那么,这方圆四十里的地方,简直就成了国家设置的陷阱。百姓认为它占地太大了,不也同样合乎情理的吗?"

阅读
点拨

　　在选文里,孟子认为"与民同乐",百姓就不会反对统治者享乐;如果统治者的享乐给百姓带来痛苦和不便,百姓就会反对。这是孟子"仁政"思想的重要部分。本文将行仁政的大道理化在貌似平常的对话中间,前两次对话似乎与主题不相干,直到第三问才把齐宣王的本意标出,把孟子的主意引出。一问一答,娓娓而谈,没有直说仁政,而仁政的主旨已十分明了。

学者有四失①

《礼记》

　　学者有四失，教者必知之。人之学也，或失则多②，或失则寡，或失则易，或失则止③。此四者，心之莫同也。知其心，然后能救其失也。教也者，长善而救其失者也。

【注解】

① 选自《礼记·学记》，上海古籍出版社 1987 年版，题目为编者所加。《礼记》又名《小戴礼记》《小戴记》，据传为西汉礼学家戴圣所编，是中国古代一部重要的典章制度选集，是研究先秦社会的重要资料，是一部儒家思想的资料汇编。

② 失则多：过失在于贪多。

③ 止：遇到困难就停止不前。

【译文】

　　求学的人有四种过失，传授知识的老师必须了解。求学中，有的人贪多而不求甚解，有的人了解一些就满足了，有的人认为太容易而不认真学习，有的人自我设限而不求进步。导致这四种过失的心理状态是不同的。只有知道了他们的心理状态，才能补救他们的过失。教育的目的，就在于发扬求学者的长处，并且补救他们的过失。

阅读点拨

　　选文首先提出了学者的四种过失，然后分析这四种过失产生的原因。文章由表及里，由浅入深，说明教育不是固定模式，要了解学生的不同心态，然后对症下药。通俗易懂的语言蕴含着哲理，细细咀嚼，大有裨益。

我思我行

【理解感悟】

❀ 诸子语言大多饱含丰富的人生智慧，如《民有耻心，则何盗之为？》，说说这则语录带给你的启示。 也可以选择其他篇目，和朋友、家人交流自己的看法。

【实践拓展】

❀ 儒、墨、道、法是诸子百家中的主要流派，请你结合本单元内容，并自行查阅其他资料，填写下表。

主要流派	代表人物	主要主张
儒家		
墨家		
道家		
法家		

【阅读延伸】

❀ 《诸子百家名篇鉴赏辞典》（上海辞书出版社 编）

诸子百家的著作，是中国传统文化的重要内容，也是中国文化宝库的重要组成部分。 《诸子百家名篇鉴赏辞典》具有精选、鉴赏、注释三者合一的特点，为诸子百家的精审选本和精到注本。 阅读此书可初步了解诸子百家的观点和艺术特色。

传统文化知多少

古代年龄称谓

1. 外傅之年：儿童 10 岁。 语出《礼记·内则》："十年，出就外傅，居宿于外，学书记。"

2. 金钗之年：女孩 12 岁。 因为女孩子到了 12 岁就可以头带金钗。

3. 豆蔻：女子 13 岁。 "豆蔻"为多年生草本植物，其花很美，人们常称十三四岁女子为"豆蔻年华"。

4. 及笄：女子 15 岁。 古时女子十五岁盘发插笄，表示已到出嫁年龄，故称"及笄"。

5. 加冠：男人 20 岁。 古代男子二十岁行加冠礼，表示成年。

6. 而立之年：30 岁。 语出《论语·为政》："三十而立。"

7. 不惑之年：40 岁。 语出《论语·为政》："四十而不惑。"

8. 知命之年： 50 岁。 语出《论语·为政》："五十而知天命。"

9. 花甲之年：60 岁。 古时用干支纪年，天干与地支依次循环搭配，六十周而复始。

10. 古稀之年：70 岁。 语出杜甫《曲江》诗之二："酒债寻常处处有，人生七十古来稀。"

11. 耄耋之年：八九十岁。 语出曹操《对酒歌》："耄耋皆得以寿终，恩泽广及草木昆虫。"

12. 喜寿：77 岁。 因"喜"字的草书似"七十七"三字组成，故有此称。

13. 米寿：88岁。因"米"字可分为"八十八"三个字，所以称"八十八"为米寿。

14. 白寿：99岁。因"百"字去上边的"一"是"白"字，"百"数去一为九十九，故有此雅称。

15. 期颐之年：100岁。语出《礼记·曲礼上》："百年曰期颐。"

16. 茶寿：108岁。因"茶"字的草字头即双"十"，相加为"二十"，中底部构在一起为"八十八"；合在一起是"一百零八"。

第六单元

散文华章

在我国古代文学中，散文是一笔不可多得的宝贵财富。这些散文，形式多样，它们或刻画人物栩栩如生，或描写景物惟妙惟肖，或生发道理深邃透彻。它们是中国古代文学花圃中的奇花异朵，随意采撷一枝，都能沁人心脾。

阅读本单元时，在参照注释的基础上，理解选文的意思，领悟作者的思想情感，鉴赏含蓄、优美的语言，提高阅读和鉴赏文言散文的能力。

晏 子 之 御①

《晏子春秋》

晏子为齐相,出,其御②之妻从门间而窥。其夫为相御,拥大盖,策驷马,意气扬扬,甚自得也。既而归,其妻请去③。夫问其故。妻曰:"晏子长不满六尺,身相齐国,名显诸侯。今者妾观其出,志念④深矣,常有以自下⑤者。今子长八尺,乃为人仆御。然子之意,自以为足。妾是以求去也。"其后夫自抑损⑥。晏子怪而问之,御以实对。晏子荐以为大夫。

【注解】

① 选自《晏子春秋·内篇杂上》,中华书局 2007 年版,题目为编者所加。

② 御:驾驶马车。这里是动词活用为名词,驾驶马车的人。

③ 去:离开,即和丈夫离婚。

④ 志念:志向和兴趣。

⑤ 自下:自卑,自以为不足,与"自高"相对。

⑥ 抑损:谦逊,抑制(自己的骄态)。

【译文】

　　晏子担任齐国国相时,有一次出门,他的车夫的妻子从门缝里偷看她丈夫。她丈夫替国相驾车,坐在伞下,用鞭子鞭打车前的四匹马,趾高气扬,十分得意。车夫回来后,他妻子要求离婚。车夫问她原因。妻子说:"晏子身高不满六尺,身为齐国国相,闻名各国。今天我看他出门,志向和思虑都很深远,且十分谦逊,常常以为自己不如别人。眼下你身高八尺,做着人家的车夫,却表现得自认为很满足了。这就是我要求离婚的原因。"从此之后,她丈夫处处收敛,谦卑多了。晏子觉得奇怪,就问他怎么回事,车夫据实相告,晏子就推荐了他做大夫。

阅读点拨

　　选文写了三个人物,但真正要表现的人物只有晏子。作者以晏子的车夫身为仆御却趾高气扬,来衬托晏子虽为强大的齐国的相国,却十分谦虚的高尚品格。通过描写车夫妻子的所见、所言、所感,以及在她的激励下丈夫的改变,侧面烘托出晏子的人格魅力。最后晏子推荐车夫为大夫,再一次烘托晏子谦逊的风度。

海 大 鱼①

《战国策》

靖郭君将城薛,客多以谏。靖郭君谓谒者:"无为客通。"齐人有请者曰:"臣请三言而已矣。益②一言,臣请烹!"靖郭君因见之。客趋而进曰:"海大鱼!"因反走。君曰:"客有于此!"客曰:"鄙臣不敢以死为戏!"君曰:"亡③!更言之。"对曰:"君不闻大鱼乎?网不能止,钩不能牵;荡而失水,则蝼蚁得意焉。今夫齐,亦君之水也;君长有齐阴,奚以薛为?失齐,虽隆④薛之城到于天,犹之无益也。"君曰:"善。"乃辍城薛。

【注解】

① 选自《战国策·齐策》,上海古籍出版社1978年版,题目为编者所加。

② 益:通"溢",超过。

③ 亡:通"无",不。

④ 隆:高。这里是形容词作动词,筑高。

134

【译文】

靖郭君田婴准备在薛邑筑城墙，门客多来劝阻。靖郭君叫传达人员不要给那些门客通报。有一个齐国门客请求拜见，说："我只要说三个字就行了，多说一个字就请把我烹死。"靖郭君就召见了他。门客急步前来禀告说："海大鱼。"说完转身就走。靖郭君说："你不要走，留下把话说完吧。"门客说："我不敢拿死来开玩笑。"靖郭君说："别这么说，您继续说下去。"门客说："您没听说过海大鱼吗？用鱼网捕不到它，用鱼钩牵不上它，很难制服；可是，当河水干涸，小小的蚂蚁、蝼蛄也能制服它。如今齐国也是您的水呀，如果您永远拥有齐国，要了薛邑又有什么用呢？可是当您失掉了齐国，即使把薛邑的城墙筑得像天一样高，又有什么用呢？"靖郭君说："你说得好。"于是放弃了在薛邑筑城墙的打算。

阅读点拨

战国的策士们在劝说国君时，总有锦囊妙计，能起死回生、扭转乾坤。靖郭君在薛地筑城，齐人不同一般谏客，只说"海大鱼"三个字转身就走，反而引起靖郭君的追问，而他又偏偏不说，吊足靖郭君的胃口。直到靖郭君再三请求，这才说出一个生动贴切的比喻，破除对方的糊涂观念，达到说服对方的目的。选文悬念陡起，情节波澜起伏，曲折动人，是一则恢奇的妙文。

黠　鼠　赋①

〔宋〕苏　轼

　　苏子夜坐，有鼠方啮。拊②床而止之，既止复作。使童子烛之，有橐③中空。嘤嘤聱聱④，声在橐中。曰："噫！此鼠之见闭⑤而不得去者也。"发而视之，寂无所有，举烛而索，中有死鼠。童子惊曰："是方啮也，而遽死也？向为何声，岂其鬼耶？"覆而出之，堕地乃走，虽有敏者，莫措其手。

　　苏子叹曰："异哉，是鼠之黠也！闭于橐中，橐坚而不可穴⑥也。故不啮而啮，以声致人；不死而死，以形求脱也。吾闻有生，莫智于人。扰龙伐蛟⑦，登龟狩麟，役万物而君之，卒见使于一鼠，堕此虫之计中，惊脱兔于处女，乌在其为智也？"

　　坐而假寐，私念其故。若有告余者，曰："汝为多学而识之，望道而未见也，不一于汝而二于物，故一鼠之啮而为之变也。人能碎千金之璧，不能无失声于破釜，能搏猛虎，不能无变色于蜂虿⑧，此不一之患也。言出于汝而忘之耶！"余俯而笑，仰而觉。使童子执笔，记余之作。

【注解】

① 选自《苏轼全集》，上海古籍出版社 2000 年版。

② 拊(fǔ)：拍。

③ 橐(tuó)：袋子。

④ 嘐(jiāo)嘐聱(áo)聱：这里形容老鼠咬物的声音。

⑤ 见闭：被关闭。见，被。

⑥ 穴：咬洞，作动词。

⑦ 扰龙伐蛟：扰，驯服；伐，击，刺杀。

⑧ 虿(chài)：蝎子。

【译文】

　　我在深夜静坐，听见有只老鼠在咬东西。拍击床板，声音就停止了，但随后又响了起来。于是我令童子拿蜡烛照亮床下，发现有一个空的袋子，老鼠咬东西的声音就是从里面发出的。童子说："啊，这只老鼠被关在里面了。"于是打开袋子，里面却静悄悄的什么声音也没有。童子举起蜡烛再看，发现袋子中有一只死老鼠，童子惊讶地说："老鼠刚才还在叫，怎么会突然死了呢？那刚才是什么声音，难道是鬼吗？"童子把袋子翻过来倒出老鼠，老鼠一落地就逃走了，就是再敏捷的人也措手不及。

　　我叹了口气说："真是奇怪，这老鼠真狡猾！它被关在袋子里，袋子很坚固，老鼠是咬不破的。所以它假装咬袋子，用声音吸引人来；装死求得逃脱。我听说人是生物中最有智慧的，人能驯服神龙、刺杀蛟龙、捉取神龟、狩猎麒麟，役使世界上所有的东西然后主宰他们，最终却被一只老鼠利用，落入这只老鼠的计谋，惊异于老鼠从极静到极动的变化，那么，人的智慧又从何说起呢?"

　　我坐下来,闭眼打盹,自己在心里想这件事。似乎有人对我说:"你只是多学而记住了一点知识,但离'道'还是很远。你自己不专心,又受了外界事物的干扰和左右,所以一只老鼠发出叫声就能使你受它支配,帮它改变困境。人能够在打破价值千金的碧玉时不动声色,却在打破一口锅时失声尖叫;人能够搏击猛虎,却在见到蜂蝎时不免变色,这是不专一的结果。这是你早说过的话,难道忘记了吗?"我俯下身子笑了,仰起身子时又幡然醒悟。于是我命令童子拿笔记下了我的文章。

阅读点拨

　　作者选取一桩生活小事,写了一只狡猾的老鼠利用人的疏忽而乘机逃脱的故事。 第一层写黠鼠骗人,得以逃脱。第二层分析老鼠骗人逃脱的伎俩,感慨身为万物之灵的人也不免被老鼠所蒙骗。 第三层揭示中心:专一而事成,疏忽则事败。 自己不能专心致志,反而受外物左右,这是人被老鼠欺骗的真正原因。 文章描写生动,寓意深刻,发人深省。

小石城山记①

[唐]柳宗元

　　自西山道口径北,逾黄茅岭而下,有二道:其一西出,寻之无所得;其一少北而东,不过四十丈,土断而川分,有积石横当其垠。其上为睥睨②、梁㮿③之形,其旁出堡坞,有若门焉。窥之正黑,投以小石,洞然有水声,其响之激越,良久乃已。环之可上,望甚远,无土壤而生嘉树美箭,益奇而坚,其疏数偃仰④,类智者所施设也。

　　噫!吾疑造物者之有无久矣。及是,愈⑤以为诚有。又怪其不为之中州,而列是夷狄,更千百年不得一售其伎⑥,是固劳而无用。神者⑦傥⑧不宜如是,则其果无乎?或曰:"以慰夫贤而辱于此者。"或曰:"其气之灵,不为伟人,而独为是物,故楚之南少人而多石⑨。"是二者,余未信之。

【注解】

① 选自《柳河东集》,上海古籍出版社 2008 年版。柳宗元(773—819),字子厚,河东(现山西运城永济一带)人,唐代文学家、哲学家,唐宋八大家之一,世称"柳河东""河东先生"。被贬永州期间,写下《永州八记》,本文为其中的一篇。

② 睥睨:通"埤堄",城上如齿状的矮墙。

③ 梁栭：栋梁。这里指山石堆积形似城上望楼一类的建筑。

④ 疏数偃仰：疏密起伏。

⑤ 愈：更是。

⑥ 售其伎：贡献其技艺，其技艺得到赏识。伎，通"技"。售，出售，这里是显露的意思。

⑦ 神者，指神奇性。

⑧ 傥（tǎng）：通"倘"，倘若，或者。

⑨ 少人而多石：指少出贤人而多出奇石。

【译文】

  从西山路口一直向北走，越过黄茅岭往下，有两条路：一条向西，沿着它走过去什么也没有；另一条稍微偏北又折向东去，走四十丈，路就被一条河流截断了，有积石横挡在这条路的尽头。积石顶部天然生成矮墙和栋梁的形状，旁边又凸出一块好像堡垒，还有一个像门的洞。从洞往里探望，一片漆黑，丢一块小石子进去，"咚"的一下有水声，那声音很洪亮，好久才消失。石山可以盘绕着登到山顶，站在上面能望得很远。山上没有泥土，树木和竹子却生长得很好，而且更显得形状奇特质地坚硬。竹木分布疏密有致、高低参差，好像是有智慧的人特意布置的。

  唉！我怀疑世上有没有造物者这件事很久了，到了这儿便觉得造物者确实是有的。但又奇怪他为什么不把这小石城山安放到人烟密集的中原地区，却把它摆在这荒僻遥远的蛮夷之地，即使经过千百年也没有一次可以显示自己奇异景色的机会,这简直是白耗力气、毫无用处啊,造物者似乎不会这样做的。那么,造物者果真是没有的吧。有人说:"造物者之所以这样安排,是用这绝美景色来安慰那些被贬逐在此的贤人的。"也有人说:"这地方山川钟灵之气不孕育伟人,却唯独凝聚成这奇山胜景,所以楚地的南部少出人才而多产奇峰怪石。"这两种说法,我都不信。

阅读点拨

文章以作者的游踪为线索,记叙了作者的旅途见闻和山川景物。 文章上段写景,赞叹山石树木的疏密仰伏之美,下段抒写由自然景观带来的联想和思索。 作者把自己怀才不遇的感情寄托到被弃置的美丽自然之上,借景抒发贤才遭贬逐的沦落之感。

烟 艇 记①

〔宋〕陆 游

陆子寓居,得屋二楹②,甚隘而深,若小舟然,名之曰烟艇,客曰:"异哉!屋之非舟,犹舟之非屋也,以为似欤③?舟固有高明奥丽④逾于宫室者矣。遂谓之屋,可不可耶?"

陆子曰:"不然!新丰非楚也,虎贲⑤非中郎也。谁则不知?意所诚好而不得焉,粗得其似,则名之矣。因名以课实,子则过矣,而予何罪?

"予少而多病,自计不能效尺寸之用于斯世,盖尝慨然有江湖之思;而饥寒妻子之累劫而留之,则寄其趣于烟波洲岛苍茫杳霭⑥之间,未尝一日忘也。使加数年,男胜锄犁,女任纺绩,衣食粗足,然后得一叶之舟,伐获⑦钓鱼,而卖芰茨⑧,入松陵,上严濑,历石门、沃洲而还,泊于玉笥⑨之下,醉则散发扣舷为吴歌,顾不乐哉!

"虽然,万钟之禄,与一叶之舟,穷达异矣,而皆外物。吾知彼之不可求,而不能不眷眷⑩于此也。其果可求欤?意者使吾胸中浩然廓然,纳烟云日月之伟观,揽雷霆风雨之奇变,虽坐容膝之室,而常若顺流放棹⑪,瞬息千里者,则安知此室果非烟艇也哉!"

绍兴三十一年八月一日记。

【注解】

① 选自《渭南文集校注》,浙江古籍出版社 2015 年版,有删改。陆游(1125—1210),字务观,号放翁,汉族,越州山阴(今绍兴)人,南宋文学家、史学家、爱国诗人。

② 楹:间。

③ 欤(yú):表示疑问、感叹、反诘等语气。

④ 高明奥丽:高大明亮,幽深华美。

⑤ 虎贲(bēn):官名。

⑥ 杳霭(yǎo ǎi):幽深渺茫。

⑦ 荻(dí):多年生草本植物。

⑧ 芰芡(jì qiàn):菱和鸡头米,其实皆可食。

⑨ 玉笥(sì):山名。

⑩ 睠睠(juàn juàn):向往、留恋。

⑪ 棹(zhào):桨,文中代指船。

【译文】

　　陆先生寄居异乡,得到两间屋子,屋子很窄很深,狭长的形状就好像小船一样,所以将屋子命名为"烟艇"。客人说:"太奇怪了! 房屋不是船,正如同船不是房屋的道理一样。你认为屋子和小船相似吗? 船的确是有富丽堂皇到可以和宫殿媲美的,但因此把船称作房屋,这说得通吗?"

陆先生回答:"不是这样的! 新丰不是楚地原来的丰邑,虎贲卫士不是中郎将。这样的道理谁不知道? 心里真正喜欢的东西但却得不到,如果得到一个粗略相似的,就会以心中所喜欢的来为它命名。依照这样的名字考察实际所指的东西,这就是你的不对了! 我又有什么错呢?

"我从年少起就经常生病,自己知道对这个世界是不会有半点功用的,所以曾经想要浪迹江湖。但迫于现实的饥寒,又有妻儿拖累,这样的江湖之思被夺走了,不得已只能在这个官场上留下来。虽然如此,浪迹江湖的愿望,我却连一天也不曾忘过。假使再过几年,儿子能耕种,女儿能织布,衣食勉强不缺之后,我希望能有一艘小船,乘着小船进入吴淞江,逆流而上到严陵濑这个地方,游历过石门涧、沃洲,把小船停靠在苍翠的山峦下,喝醉了就披散头发,敲着船打拍子,唱唱吴地的歌谣。不是很快乐吗?

"虽然高官厚禄和一艘小船相比,穷困与显达的程度大不相同,然而两者都是身外之物。我纵使明白高官厚禄不能强求,但却无法不向往、留恋着一艘小船。但这真的能追求得到吗? 浪迹江湖的意念使我的心胸变得浩大空阔,足以容纳云霞日月的伟丽胜景,能够包揽雷霆风雨的奇异变幻。虽然我只是坐在狭小的居室中,却常常感觉像顺着水流摇桨般,一眨眼就到了千里之外。既然如此,你怎么能知道这小屋就不是烟艇呢?"

绍兴三十一年八月一日作记。

阅读
点拨

　　本文开篇以客人的质疑巧设悬念，然后解释了自己把小屋比作船的原因；结尾托物言志，深化主旨。 浪迹江湖的意念使作者的心胸变得浩大空阔，足以容纳云霞日月的壮丽胜景，能够包揽雷霆风雨的奇异变幻。 然而现实是残酷的，自己得不到朝廷重用，徒有报国心，却无报国门，悲楚与苦闷充溢在字里行间。

君之所贵者，仁也①

[宋]朱　熹

　　君之所贵者，仁也。臣之所贵者，忠也。父之所贵者，慈也。子之所贵者，孝也。兄之所贵者，友②也。弟之所贵者，恭也。夫之所贵者，和也。妇之所贵者，柔也。事③师长贵乎礼也，交朋友贵乎信也。见老者，敬之；见幼者，爱之。有德者，年虽④下⑤于我，我必尊之；不肖者，年虽高于我，我必远之。慎勿谈人之短，切莫矜⑥己之长。仇者以义解之，怨者以直报之，随所遇而安之。人有小过，含容而忍之；人有大过，以理而谕之。勿以善小而不为，勿以恶小而为之。人有恶，则掩之；人有善，则扬之。处世无私仇，治家无私法。勿损人而利己，勿妒贤而嫉能。勿称忿而报横逆，勿非礼而害物命。见不义之财勿取，遇合理之事则从。诗书不可不读，礼义不可不知。子孙不可不教，童仆不可不恤。斯文不可不敬，患难不可不扶。守我之分者，礼也；听我之命者，天也。人能如是，天必相之。此乃日用常行之道，若衣服之于身体，饮食之于口腹，不可一日无也，可不慎哉！

【注解】

① 选自《朱子家训》，华东师范大学出版社 2014 年版，题目为编者

所加。朱熹(1130—1200)，字元晦，号晦庵，世称朱文公。祖籍徽州府婺源县(今江西省婺源)，出生于南剑州尤溪(今属福建省尤溪县)。宋朝著名的理学家、哲学家、教育家，闽学派的代表人物，儒学集大成者，世尊称为朱子。

② 友：友善，文中指爱护弟弟。

③ 事：侍奉。

④ 虽：即使。

⑤ 下：年纪小。

⑥ 矜：夸耀。

【译文】

　　国君所珍贵的是爱护人民。臣子所珍贵的是忠君爱国。父亲所珍贵的是疼爱子女。儿子所珍贵的是孝顺父母。兄长所珍贵的是爱护弟弟。弟弟所珍贵的是尊敬兄长。丈夫所珍贵的是与妻子和睦。妻子所珍贵的是与丈夫温和相处。侍奉师长要有礼貌，交朋友应当重视信用。遇见老人要尊敬，遇见小孩要爱护。有德行的人，即使年纪比我小，我一定尊敬他。品行不端的人，即使年纪比我大，我一定会远离他。不要随便议论别人的缺点，切莫夸耀自己的长处。对有仇隙的人，用讲事实摆道理的办法来解除仇隙。对埋怨自己的人，用坦诚正直的态度来对待他。不论是得意或顺意或困难逆境，都要平静安详，不动感情。别人有小过失，要谅解容忍；别人有大错误，要按道理劝导帮助他。不要因为是微小的好事就不去做，不要因为是微小的坏事就去做。别人做了坏事，应该帮助他改过，不要宣扬他的恶行；别人做了好事，应该多加表扬。待人办事没有私人仇怨，治理家务不要另立私法。不要做损人利己的事，不要妒忌贤才和嫉视有能力的人。不要声言忿愤对待蛮不讲理的人，不要违反正当事理，随便伤害人和动物的生命。不要接受不义之财，遇到合理的事物要拥护。不可不勤读诗书，不可不懂得礼仪和道义。子孙一定要教育，童仆一定要怜恤。一定要尊敬有德行有学识的人，一定要扶助有困难的人。

这些都是做人应该懂得的道理，每个人尽本分去做才符合礼的标准。这样做也就完成天地万物赋予我们的使命，顺乎天命的道理法则。如果一个人能做到这些，老天必定会来相助。这些基本道理，都是日常生活中随处可做的。就像衣服之于身体，饮食之于口腹，是每天都不可离开，每天都不可缺少的。我们对这些基本的生活道理，怎可不重视呢？

**阅读
点拨**

　　文章告诫我们如何才能成为一个有道德、有修养的人，教导我们宽容、内敛、包容，严于律己，宽以待人。文章骈散结合，节奏明快，语言错落有致，读起来抑扬顿挫，言辞恳切，语重心长，极具亲和力。

我思我行

【理解感悟】

本单元所选散文，不仅在艺术手法上为后人引路，而且在治国、育人等方面都能给后人深刻的启迪。说说它们给后人留下了什么宝贵财富？

《烟艇记》是一篇托物言志的散文，作者借自己的小屋抒发了怎样的情感？

【实践拓展】

"勿以善小而不为，勿以恶小而为之。"这句话不仅是刘备家训，也是朱熹家训，对于这句话，你有怎样的理解？

【阅读延伸】

"永州八记"是唐代文学家柳宗元被贬为永州司马时写的一组精美散文。作家对景物的描写细致入微，惟妙惟肖，并且情景交融，如同天成。通过阅读，一方面可了解作者的心路历程，一方面可学习作者描写景物和借景抒情的写作手法。

《战国策》善于运用寓言说理，语言生动，富于文采。建议选读其中的寓言故事，领悟其中蕴含的深刻哲理。

传统文化知多少

中国史学八大家

1. 左丘明，春秋时期鲁国人，著《左传》。

2. 司马迁，西汉人，著《史记》。

3. 班固，东汉人，著《汉书》。

4. 刘知几，唐代人，著《史通》。

5. 杜佑，唐代人，著《通典》。

6. 司马光，北宋人，著《资治通鉴》。

7. 袁枢，南宋人，著《通鉴纪事本末》。

8. 顾炎武，明清人，著《天下郡国利病书》。

出版说明

　　"推动全民阅读，构建书香社会"已成为当前我国文化发展战略的重要组成部分，对建设社会主义文化强国，增强国家软实力和文化自信，实现中华民族伟大复兴的中国梦具有重要意义。为了落实中央的指示精神，助推全民阅读，满足广大中小学生的阅读需求，我们特组织编写了这套"全民阅读·阶梯文库"。

　　分级阅读是国际上比较流行的一种阅读理念，比如蓝思分级法、A~Z分级法等，我国古代也有"少不看《水浒》，老不看《三国》"之说。那么，怎样把合适的读物，在适当的时候，用适宜的方式推荐给适合的读者呢？这不仅需要社会责任感、理性公允心、文化担当与服务精神，也需要精准的辨识眼光与深厚的人文素养，因而也一直是我国教育出版界的"老大难"问题。这套"全民阅读·阶梯文库"就是我们对阶梯阅读所做的一个积极尝试。

　　本文库努力体现全民阅读理念，以培养现代公民综合素养为宗旨，为青少年打下"精神的底子"，系好人生的"第一粒纽扣"。文库按学前段、小学段、初中段和高中段进行编写，以各年龄段读者的心智特点与认知水平为划分依据，旨在体现阶梯阅读层级，激发阅读兴趣，养成阅读习惯，掌握阅读方法，丰富人文底蕴。学前段突出亲子阅读与图画阅读，重在培养好奇心与亲切感；小学段体现以儿童文学为主的综合阅读，重在培养对汉语言文字的亲近感；初中段分传统文化、科普科幻和文学三个分卷，重在培养对传统文化和文学作品的理解欣赏能力，提升科学素养；高中段分传统文化与科普科幻两个分卷，重在培养理解分析能力以及质疑探究能力。

当前，中国特色社会主义已进入新时代。作为教育出版工作者，我们无疑负有新时代文化传承与传播的神圣使命。这套"全民阅读·阶梯文库"在内容选择、精准阐释与价值传播上都做了一些探索，希望通过阶梯阅读的形式，推动全民阅读，倡导经典阅读与有价值的阅读。

本套书选文的作者多数我们已取得联系，部分未能联系上的作者，我们已委托中国文字著作权协会代付稿酬，敬请这些作者通过以下联系方式领取稿酬：

联系电话：010‐65978905/06/16/17　转836

本书编写组